THÉATRE
DE
ALFRED DE MUSSET

THÉATRE

DE

ALFRED DE MUSSET

AVEC UNE INTRODUCTION

PAR

JULES LEMAITRE

DESSINS DE CHARLES DELORT

GRAVÉS PAR BOILVIN

TOME DEUXIÈME

PARIS
LIBRAIRIE DES BIBLIOPHILES
Rue de Lille, 7

M DCCC XC

ON NE BADINE PAS
AVEC L'AMOUR
COMÉDIE EN TROIS ACTES

Publiée en 1834, représentée en 1861

PERSONNAGES

LE BARON.
PERDICAN, son fils.
MAITRE BLAZIUS, gouverneur de Perdican.
MAITRE BRIDAINE, curé.
CAMILLE, nièce du baron.
DAME PLUCHE, sa gouvernante.
ROSETTE, sœur de lait de Camille.
Paysans, Valets.

ON NE BADINE PAS AVEC L'AMOUR
Acte III Scène III

ON NE BADINE PAS
AVEC L'AMOUR

ACTE PREMIER

SCÈNE PREMIÈRE
Une place devant le château.

LE CHŒUR.
Doucement bercé sur sa mule fringante, messer Blazius s'avance dans les bluets fleuris, vêtu de neuf, l'écritoire au côté. Comme un poupon sur l'oreiller, il se ballotte sur son ventre rebondi, et, les yeux à demi fermés, il marmotte un *Pater noster* dans son triple menton. Salut, Maître Blazius; vous arrivez au temps de la vendange, pareil à une amphore antique.

MAITRE BLAZIUS.

Que ceux qui veulent apprendre une nouvelle d'importance m'apportent ici premièrement un verre de vin frais.

LE CHŒUR.

Voilà notre plus grande écuelle ; buvez, Maître Blazius ; le vin est bon ; vous parlerez après.

MAITRE BLAZIUS.

Vous saurez, mes enfants, que le jeune Perdican, fils de notre seigneur, vient d'atteindre à sa majorité, et qu'il est reçu docteur à Paris. Il revient aujourd'hui même au château, la bouche toute pleine de façons de parler si belles et si fleuries qu'on ne sait que lui répondre les trois quarts du temps. Toute sa gracieuse personne est un livre d'or; il ne voit pas un brin d'herbe à terre qu'il ne vous dise comment cela s'appelle en latin; et, quand il fait du vent ou qu'il pleut, il vous dit tout clairement pourquoi. Vous ouvrirez des yeux grands comme la porte que voilà de le voir dérouler un des parchemins qu'il a coloriés d'encres de toutes couleurs de ses propres mains et sans en rien dire à personne. Enfin, c'est un diamant fin des pieds à la tête, et voilà ce que je viens annoncer à monsieur le baron. Vous sentez que cela me fait quelque honneur, à moi qui suis son gouverneur depuis l'âge de quatre ans; ainsi donc, mes bons amis, apportez une chaise, que je descende un peu de cette muleci sans me casser le cou; la bête est tant soit peu rétive, et je ne serais pas fâché de boire encore une gorgée avant d'entrer.

LE CHŒUR.

Buvez, Maître Blazius, et reprenez vos esprits. Nous avons vu naître le petit Perdican, et il n'était pas besoin, du moment qu'il arrive, de nous en dire si long. Puissions-nous retrouver l'enfant dans le cœur de l'homme!

MAITRE BLAZIUS.

Ma foi, l'écuelle est vide; je ne croyais pas avoir tout bu. Adieu; j'ai préparé, en trottant sur la route, deux ou trois phrases sans prétention qui plairont à monseigneur. Je vais tirer la cloche.

Il sort.

LE CHŒUR.

Durement cahotée sur son âne essoufflé, dame Pluche gravit la colline; son écuyer transi gourdine à tour de bras le pauvre animal, qui hoche la tête un chardon entre les dents. Ses longues jambes maigres trépignent de colère, tandis que de ses mains osseuses elle égratigne son chapelet. Bonjour donc, dame Pluche; vous arrivez comme la fièvre, avec le vent qui fait jaunir les bois.

DAME PLUCHE.

Un verre d'eau, canaille que vous êtes! un verre d'eau et un peu de vinaigre!

LE CHŒUR.

D'où venez-vous, Pluche, ma mie? Vos faux

cheveux sont couverts de poussière, voilà un toupet de gâté, et votre chaste robe est retroussée jusqu'à vos vénérables jarretières.

DAME PLUCHE.

Sachez, manants, que la belle Camille, la nièce de votre maître, arrive aujourd'hui au château. Elle a quitté le couvent sur l'ordre exprès de monseigneur, pour venir en son temps et lieu recueillir, comme faire se doit, le bon bien qu'elle a de sa mère. Son éducation, Dieu merci, est terminée, et ceux qui la verront auront la joie de respirer une glorieuse fleur de sagesse et de dévotion. Jamais il n'y a rien eu de si pur, de si ange, de si agneau et de si colombe que cette chère nonnain; que le Seigneur Dieu du ciel la conduise! Ainsi soit-il! Rangez-vous, canaille; il me semble que j'ai les jambes enflées.

LE CHŒUR.

Défripez-vous, honnête Pluche, et, quand vous prierez Dieu, demandez de la pluie : nos blés sont secs comme vos tibias.

DAME PLUCHE.

Vous m'avez apporté de l'eau dans une écuelle qui sent la cuisine; donnez-moi la main pour descendre, vous êtes des butors et des malappris.

Elle sort.

LE CHŒUR.

Mettons nos habits du dimanche, et attendons que le baron nous fasse appeler. Ou je me trompe fort, ou quelque joyeuse bombance est dans l'air d'aujourd'hui.

Ils sortent.

SCÈNE II

Le salon du baron.

Entrent LE BARON, MAITRE BRIDAINE
et MAITRE BLAZIUS.

LE BARON.

Maître Bridaine, vous êtes mon ami; je vous présente maître Blazius, gouverneur de mon fils. Mon fils a eu hier matin, à midi huit minutes, vingt et un ans comptés; il est docteur à quatre boules blanches. Maître Blazius, je vous présente maître Bridaine, curé de la paroisse; c'est mon ami.

MAITRE BLAZIUS, saluant.

A quatre boules blanches, Seigneur : littérature, philosophie, droit romain, droit canon.

LE BARON.

Allez à votre chambre, cher Blazius, mon fils ne va pas tarder à paraître; faites un peu de toilette et revenez au coup de la cloche.

Maître Blazius sort.

MAITRE BRIDAINE.

Vous dirai-je ma pensée, Monseigneur? le gouverneur de votre fils sent le vin à pleine bouche.

LE BARON.

Cela est impossible.

MAITRE BRIDAINE.

J'en suis sûr comme de ma vie ; il m'a parlé de fort près tout à l'heure : il sentait le vin à faire peur.

LE BARON.

Brisons là ; je vous répète que cela est impossible.

Entre dame Pluche.

Vous voilà, bonne dame Pluche ? Ma nièce est sans doute avec vous ?

DAME PLUCHE.

Elle me suit, Monseigneur ; je l'ai devancée de quelques pas.

LE BARON.

Maître Bridaine, vous êtes mon ami. Je vous présente la dame Pluche, gouvernante de ma nièce. Ma nièce est depuis hier, à sept heures de nuit, parvenue à l'âge de dix-huit ans ; elle sort du meilleur couvent de France. Dame Pluche, je vous présente maître Bridaine, curé de la paroisse ; c'est mon ami.

DAME PLUCHE, saluant.

Du meilleur couvent de France, Seigneur, et je puis ajouter : la meilleure chrétienne du couvent.

LE BARON.

Allez, dame Pluche, réparer le désordre où

vous voilà; ma nièce va bientôt venir, j'espère; soyez prête à l'heure du dîner.

Dame Pluche sort.

MAITRE BRIDAINE.

Cette vieille demoiselle paraît tout à fait pleine d'onction.

LE BARON.

Pleine d'onction et de componction, Maître Bridaine; sa vertu est inattaquable.

MAITRE BRIDAINE.

Mais le gouverneur sent le vin, j'en ai la certitude.

LE BARON.

Maître Bridaine, il y a des moments où je doute de votre amitié. Prenez-vous à tâche de me contredire? Pas un mot de plus là-dessus. J'ai formé le dessein de marier mon fils avec ma nièce; c'est un couple assorti : leur éducation me coûte six mille écus.

MAITRE BRIDAINE.

Il sera nécessaire d'obtenir des dispenses.

LE BARON.

Je les ai, Bridaine; elles sont sur ma table dans mon cabinet. O mon ami! apprenez maintenant que je suis plein de joie. Vous savez que j'ai eu de tout temps la plus profonde horreur pour la solitude. Cependant la place que j'occupe et la gravité de mon habit me forcent à rester dans ce château pendant trois mois d'hiver et trois mois d'été. Il est impossible de faire le bonheur des hommes en général, et de ses vassaux en particulier, sans donner parfois à son valet de chambre l'ordre rigoureux de ne laisser entrer personne. Qu'il est austère et difficile le recueillement de l'homme d'État ! et quel plaisir ne trouverai-je pas à tempérer, par la présence de mes deux enfants réunis, la sombre tristesse à laquelle je dois nécessairement être en proie depuis que le roi m'a nommé receveur !

MAITRE BRIDAINE.

Ce mariage se fera-t-il ici ou à Paris ?

LE BARON.

Voilà où je vous attendais, Bridaine ; j'étais sûr de cette question. Eh bien ! mon ami, que diriez-vous si ces mains que voilà, oui, Bridaine, vos propres mains, — ne les regardez pas d'une manière aussi piteuse, — étaient destinées à bénir solennellement l'heureuse confirmation de mes rêves les plus chers ? Hé ?

MAITRE BRIDAINE.

Je me tais : la reconnaissance me ferme la bouche.

LE BARON.

Regardez par cette fenêtre : ne voyez-vous pas que mes gens se portent en foule à la grille ? Mes deux enfants arrivent en même temps ; voilà la combinaison la plus heureuse. J'ai disposé les choses de manière à tout prévoir. Ma nièce sera introduite par cette porte à gauche, et mon fils par cette porte à droite. Qu'en dites-vous? Je me fais une fête de voir comment ils s'aborderont, ce qu'ils se diront; six mille écus ne sont pas une bagatelle, il ne faut pas s'y tromper. Ces enfants s'aimaient d'ailleurs fort tendrement dès le berceau. — Bridaine, il me vient une idée.

MAITRE BRIDAINE.

Laquelle?

LE BARON.

Pendant le dîner, sans avoir l'air d'y toucher, — vous comprenez, mon ami, — tout en vidant quelques coupes joyeuses, vous savez le latin, Bridaine?

MAITRE BRIDAINE.

Ita ædepol, parbleu, si je le sais!

LE BARON.

Je serais bien aise de vous voir entreprendre ce garçon, — discrètement, s'entend, — devant sa cousine; cela ne peut produire qu'un bon effet; — faites-le parler un peu latin, — non pas précisément pendant le dîner, cela deviendrait fastidieux, et, quant à moi, je n'y comprends rien, — mais au dessert, entendez-vous?

MAITRE BRIDAINE.

Si vous n'y comprenez rien, Monseigneur, il est probable que votre nièce est dans le même cas.

LE BARON.

Raison de plus ; ne voulez-vous pas qu'une femme admire ce qu'elle comprend ? D'où sortez-vous, Bridaine ? Voilà un raisonnement qui fait pitié.

MAITRE BRIDAINE.

Je connais peu les femmes ; mais il me semble qu'il est difficile qu'on admire ce qu'on ne comprend pas.

LE BARON.

Je les connais, Bridaine, je connais ces êtres charmants et indéfinissables. Soyez persuadé qu'elles aiment à avoir de la poudre dans les yeux, et que plus on leur en jette, plus elles les écarquillent, afin d'en gober davantage.

Perdican entre d'un côté, Camille de l'autre.

Bonjour, mes enfants ; bonjour, ma chère Camille, mon cher Perdican ! embrassez-moi, et embrassez-vous.

PERDICAN.

Bonjour, mon père, ma sœur bien-aimée ! Quel bonheur ! que je suis heureux !

CAMILLE.

Mon père et mon cousin, je vous salue.

PERDICAN.

Comme te voilà grande, Camille ! et belle comme le jour.

LE BARON.

Quand as-tu quitté Paris, Perdican ?

PERDICAN.

Mercredi, je crois, ou mardi. Comme te voilà métamorphosée en femme! Je suis donc un homme, moi? Il me semble que c'est hier que je t'ai vue pas plus haute que cela.

LE BARON.

Vous devez être fatigués ; la route est longue, et il fait chaud.

PERDICAN.

Oh! mon Dieu, non. Regardez donc, mon père, comme Camille est jolie!

LE BARON.

Allons, Camille, embrasse ton cousin.

CAMILLE.

Excusez-moi.

LE BARON.

Un compliment vaut un baiser; embrasse-la, Perdican.

PERDICAN.

Si ma cousine recule quand je lui tends la main, je vous dirai à mon tour: Excusez-moi, l'amour peut voler un baiser, mais non pas l'amitié.

CAMILLE.

L'amitié ni l'amour ne doivent recevoir que ce qu'ils peuvent rendre.

LE BARON, à maître Bridaine.

Voilà un commencement de mauvais augure, hé?

MAITRE BRIDAINE, au baron.

Trop de pudeur est sans doute un défaut ; mais le mariage lève bien des scrupules.

LE BARON, à maître Bridaine.

Je suis choqué, — blessé. — Cette réponse m'a déplu. — *Excusez-moi !* Avez-vous vu qu'elle a fait mine de se signer ? — Venez ici que je vous parle. — Cela m'est pénible au dernier point. Ce moment, qui devait m'être si doux, est complètement gâté. — Je suis vexé, piqué. — Diable ! voilà qui est fort mauvais.

MAITRE BRIDAINE.

Dites-leur quelques mots; les voilà qui se tournent le dos.

LE BARON.

Eh bien ! mes enfants, à quoi pensez-vous donc? Que fais-tu là, Camille, devant cette tapisserie ?

CAMILLE, regardant un tableau.

Voilà un beau portrait, mon oncle ! N'est-ce pas une grand'tante à nous ?

LE BARON.

Oui, mon enfant, c'est ta bisaïeule, — ou du moins la sœur de ton bisaïeul, car la chère dame n'a jamais concouru, — pour sa part, je crois, autrement qu'en prières, — à l'accroissement de la famille. — C'était, ma foi, une sainte femme.

CAMILLE.

Oh ! oui, une sainte ! c'est ma grand'tante

Isabelle. Comme ce costume religieux lui va bien !

LE BARON.

Et toi, Perdican, que fais-tu là devant ce pot de fleurs ?

PERDICAN.

Voilà une fleur charmante, mon père. C'est un héliotrope ?

LE BARON.

Te moques-tu ? elle est grosse comme une mouche.

PERDICAN.

Cette petite fleur grosse comme une mouche a bien son prix.

MAITRE BRIDAINE.

Sans doute ! le docteur a raison. Demandez-lui à quel sexe, à quelle classe elle appartient, de quels éléments elle se forme, d'où lui viennent sa sève et sa couleur ; il vous ravira en extase en vous détaillant les phénomènes de ce brin d'herbe, depuis la racine jusqu'à la fleur.

PERDICAN.

Je n'en sais pas si long, mon révérend. Je trouve qu'elle sent bon, voilà tout.

SCÈNE III

Devant le château.

Entre LE CHŒUR.

Plusieurs choses me divertissent et excitent ma curiosité. Venez, mes amis, et asseyons-nous sous ce noyer. Deux formidables dîneurs sont en ce moment en présence au château, maître Bridaine et maître Blazius. N'avez-vous pas fait une remarque? C'est que, lorsque deux hommes à peu près pareils, également gros, également sots, ayant les mêmes vices et les mêmes passions, viennent par hasard à se rencontrer, il faut nécessairement qu'ils s'adorent ou qu'ils s'exècrent. Par la raison que les contraires s'attirent, qu'un homme grand et desséché aimera un homme petit et rond, que les blonds rechercheront les bruns, et réciproquement, je prévois une lutte secrète entre le gouverneur et le curé. Tous deux sont armés d'une égale impudence; tous deux ont pour ventre un tonneau; non seulement ils sont gloutons, mais ils sont gourmets; tous deux se disputeront à dîner, non seulement la quantité, mais la qualité. Si le poisson est petit, comment faire? et dans tous les cas une langue de carpe ne peut se partager, et une carpe ne peut avoir deux langues.

Item, tous deux sont bavards ; mais à la rigueur ils peuvent parler ensemble sans s'écouter ni l'un ni l'autre. Déjà maître Bridaine a voulu adresser au jeune Perdican plusieurs questions pédantes, et le gouverneur a froncé le sourcil. Il lui est désagréable qu'un autre que lui semble mettre son élève à l'épreuve. *Item,* ils sont aussi ignorants l'un que l'autre. *Item,* ils sont prêtres tous deux ; l'un se targuera de sa cure, l'autre se rengorgera dans sa charge de gouverneur. Maître Blazius confesse le fils, et maître Bridaine le père. Déjà je les vois accoudés sur la table, les joues enflammées, les yeux à fleur de tête, secouer pleins de haine leurs triples mentons. Ils se regardent de la tête aux pieds, ils préludent par de légères escarmouches ; bientôt la guerre se déclare ; les cuistreries de toute espèce se croisent et s'échangent, et, pour comble de malheur, entre les deux ivrognes s'agite dame Pluche, qui les repousse l'un et l'autre de ses coudes affilés.

Maintenant que voilà le dîner fini, on ouvre la grille du château. C'est la compagnie qui sort ; retirons-nous à l'écart.

Ils sortent. — Entrent le baron et dame Pluche.

LE BARON.

Vénérable Pluche, je suis peiné.

DAME PLUCHE.

Est-il possible, Monseigneur ?

LE BARON.

Oui, Pluche, cela est possible. J'avais compté depuis longtemps, — j'avais même écrit, noté, — sur mes tablettes de poche, — que ce jour devait être le plus agréable de mes jours, — oui, bonne dame, le plus agréable. — Vous n'ignorez pas que mon dessein était de marier mon fils avec ma nièce; — cela était résolu, — convenu, — j'en avais parlé à Bridaine, — et je vois, je crois voir que ces enfants se parlent froidement; ils ne se sont pas dit un mot.

DAME PLUCHE.

Les voilà qui viennent, Monseigneur. Sont-ils prévenus de vos projets?

LE BARON.

Je leur en ai touché quelques mots en particulier. Je crois qu'il serait bon, puisque les voilà réunis, de nous asseoir sous cet ombrage propice, et de les laisser ensemble un instant.

Il se retire avec dame Pluche. — Entrent Camille et Perdican.

PERDICAN.

Sais-tu que cela n'a rien de beau, Camille, de m'avoir refusé un baiser?

CAMILLE.

Je suis comme cela; c'est ma manière.

PERDICAN.

Veux-tu mon bras pour faire un tour dans le village?

CAMILLE.

Non, je suis lasse.

PERDICAN.

Cela ne te ferait pas plaisir de revoir la prairie? Te souviens-tu de nos parties sur le bateau? Viens, nous descendrons jusqu'aux moulins; je tiendrai les rames, et toi le gouvernail.

CAMILLE.

Je n'en ai nulle envie.

PERDICAN.

Tu me fends l'âme. Quoi! pas un souvenir, Camille? pas un battement de cœur pour notre enfance, pour tout ce pauvre temps passé, si bon, si doux, si plein de niaiseries délicieuses? Tu ne veux pas venir voir le sentier par où nous allions à la ferme?

CAMILLE.

Non, pas ce soir.

PERDICAN.

Pas ce soir! et quand donc? Toute notre vie est là.

CAMILLE.

Je ne suis pas assez jeune pour m'amuser de mes poupées, ni assez vieille pour aimer le passé.

PERDICAN.

Comment dis-tu cela?

CAMILLE.

Je dis que les souvenirs d'enfance ne sont pas de mon goût.

PERDICAN.

Cela t'ennuie?

CAMILLE.

Oui, cela m'ennuie.

PERDICAN.

Pauvre enfant! Je te plains sincèrement.

Ils sortent chacun de leur côté.

LE BARON, rentrant avec dame Pluche.

Vous le voyez et vous l'entendez, excellente Pluche; je m'attendais à la plus suave harmonie, et il me semble assister à un concert où le violon joue: *Mon cœur soupire,* pendant que la flûte joue *Vive Henri IV.* Songez à la discordance affreuse qu'une pareille combinaison produirait. Voilà pourtant ce qui se passe dans mon cœur.

DAME PLUCHE.

Je l'avoue; il m'est impossible de blâmer Camille, et rien n'est de plus mauvais ton, à mon sens, que les parties de bateau.

LE BARON.

Parlez-vous sérieusement?

DAME PLUCHE.

Seigneur, une jeune fille qui se respecte ne se hasarde pas sur les pièces d'eau.

LE BARON.

Mais observez donc, dame Pluche, que son cousin doit l'épouser, et que dès lors...

DAME PLUCHE.

Les convenances défendent de tenir un gouvernail, et il est malséant de quitter la terre ferme seule avec un jeune homme.

LE BARON.

Mais je répète... je vous dis...

DAME PLUCHE.

C'est là mon opinion.

LE BARON.

Êtes-vous folle ? En vérité, vous me feriez dire... Il y a certaines expressions que je ne veux pas... qui me répugnent... Vous me donnez envie... En vérité, si je ne me retenais... Vous êtes une pécore, Pluche ! je ne sais que penser de vous.

Il sort.

SCÈNE IV

Une place.

LE CHŒUR, PERDICAN.

PERDICAN.

Bonjour, mes amis. Me reconnaissez-vous ?

LE CHŒUR.

Seigneur, vous ressemblez à un enfant que nous avons beaucoup aimé.

PERDICAN.

N'est-ce pas vous qui m'avez porté sur votre dos pour passer les ruisseaux de vos prairies, vous qui m'avez fait danser sur vos genoux, qui m'avez pris en croupe sur vos chevaux robustes, qui vous êtes serrés quelquefois autour de vos tables pour me faire une place au souper de la ferme ?

LE CHŒUR.

Nous nous en souvenons, Seigneur. Vous étiez bien le plus mauvais garnement et le meilleur garçon de la terre.

PERDICAN.

Et pourquoi donc alors ne m'embrassez-vous pas, au lieu de me saluer comme un étranger ?

LE CHŒUR.

Que Dieu te bénisse, enfant de nos entrailles ! Chacun de nous voudrait te prendre dans ses bras ; mais nous sommes vieux, Monseigneur, et vous êtes un hómme.

PERDICAN.

Oui, il y a dix ans que je ne vous ai vus, et en un jour tout change sous le soleil. Je me suis élevé de quelques pieds vers le ciel, et vous vous êtes courbés de quelques pouces vers le tombeau. Vos têtes ont blanchi, vos pas sont devenus plus lents, vous ne pouvez plus soulever de terre votre enfant d'autrefois. C'est donc à moi d'être votre père, à vous qui avez été les miens.

LE CHŒUR.

Votre retour est un jour plus heureux que votre

naissance. Il est plus doux de retrouver ce qu'on aime que d'embrasser un nouveau-né.

PERDICAN.

Voilà donc ma chère vallée ! mes noyers, mes sentiers verts, ma petite fontaine ! voilà mes jours passés encore tout pleins de vie, voilà le monde mystérieux des rêves de mon enfance ! O patrie ! patrie, mot incompréhensible ! l'homme n'est-il donc né que pour un coin de terre, pour y bâtir son nid et pour y vivre un jour ?

LE CHŒUR.

On nous a dit que vous êtes un savant, Monseigneur.

PERDICAN.

Oui, on me l'a dit aussi. Les sciences sont une belle chose, mes enfants ; ces arbres et ces prairies enseignent à haute voix la plus belle de toutes, l'oubli de ce qu'on sait.

LE CHŒUR.

Il s'est fait plus d'un changement pendant votre absence. Il y a des filles mariées et des garçons partis pour l'armée.

PERDICAN.

Vous me conterez tout cela. Je m'attends bien à du nouveau ; mais en vérité je n'en veux pas encore. Comme ce lavoir est petit ! autrefois il me paraissait immense ; j'avais emporté dans ma tête un océan et des forêts, et je retrouve une goutte d'eau et des brins d'herbe. Quelle est donc cette jeune fille qui chante à sa croisée derrière ces arbres?

LE CHŒUR.

C'est Rosette, la sœur de lait de votre cousine Camille.

PERDICAN, s'avançant.

Descends vite, Rosette, et viens ici.

ROSETTE, entrant.

Oui, Monseigneur.

PERDICAN.

Tu me voyais de ta fenêtre, et tu ne venais pas, méchante fille! Donne-moi vite cette main-là, et ces joues-là, que je t'embrasse.

ROSETTE.

Oui, Monseigneur.

PERDICAN.

Es-tu mariée, petite? on m'a dit que tu l'étais.

ROSETTE.

Oh! non.

PERDICAN.

Pourquoi? il n'y a pas dans le village de plus jolie fille que toi. Nous te marierons, mon enfant.

LE CHŒUR.

Monseigneur, elle veut mourir fille.

PERDICAN.

Est-ce vrai, Rosette?

ROSETTE.

Oh! non.

PERDICAN.

Ta sœur Camille est arrivée. L'as-tu vue ?

ROSETTE.

Elle n'est pas encore venue par ici.

PERDICAN.

Va-t'en vite mettre ta robe neuve, et viens souper au château.

SCÈNE V

Une salle.

Entrent LE BARON et MAITRE BLAZIUS.

MAITRE BLAZIUS.

Seigneur, j'ai un mot à vous dire : le curé de la paroisse est un ivrogne.

LE BARON.

Fi donc ! cela ne se peut pas.

MAITRE BLAZIUS.

J'en suis certain : il a bu à dîner trois bouteilles de vin.

LE BARON.

Cela est exorbitant.

MAITRE BLAZIUS.

Et, en sortant de table, il a marché sur les plates-bandes.

LE BARON.

Sur les plates-bandes ! — Je suis confondu. Voilà qui est étrange ! — Boire trois bouteilles de vin à dîner ! marcher sur les plates-bandes ! c'est incompréhensible. Et pourquoi ne marchait-il pas dans l'allée ?

MAITRE BLAZIUS.

Parce qu'il allait de travers.

LE BARON, à part.

Je commence à croire que Bridaine avait raison ce matin. Ce Blazius sent le vin d'une manière horrible.

MAITRE BLAZIUS.

De plus il a mangé beaucoup ; sa parole était embarrassée.

LE BARON.

Vraiment, je l'ai remarqué aussi.

MAITRE BLAZIUS.

Il a lâché quelques mots latins : c'étaient autant de solécismes. Seigneur, c'est un homme dépravé.

LE BARON, à part.

Pouah ! ce Blazius a une odeur qui est intolérable. — Apprenez, gouverneur, que j'ai bien autre chose en tête, et que je ne me mêle jamais de ce qu'on boit ni de ce qu'on mange. Je ne suis pas un majordome.

MAITRE BLAZIUS.

A Dieu ne plaise que je vous déplaise, Monsieur le baron. Votre vin est bon.

LE BARON.

Il y a de bon vin dans mes caves.

MAITRE BRIDAINE, entrant.

Seigneur, votre fils est sur la place, suivi de tous les polissons du village.

LE BARON.

Cela est impossible.

MAITRE BRIDAINE.

Je l'ai vu de mes propres yeux. Il ramassait des cailloux pour faire des ricochets.

LE BARON.

Des ricochets ! ma tête s'égare ; voilà mes idées qui se bouleversent. Vous me faites un rapport insensé, Bridaine. Il est inouï qu'un docteur fasse des ricochets.

MAITRE BRIDAINE.

Mettez-vous à la fenêtre, Monseigneur, vous le verrez de vos propres yeux.

LE BARON, à part.

O Ciel ! Blazius a raison : Bridaine va de travers.

MAITRE BRIDAINE.

Regardez, Monseigneur, le voilà au bord du lavoir. Il tient sous le bras une jeune paysanne.

LE BARON.

Une jeune paysanne ! Mon fils vient-il ici pour débaucher mes vassales ? Une paysanne sous le bras et tous les gamins du village autour de lui ! Je me sens hors de moi.

MAITRE BRIDAINE.

Cela crie vengeance.

LE BARON.

Tout est perdu ! — perdu sans ressource ! — Je suis perdu : Bridaine va de travers, Blazius sent le vin à faire horreur, et mon fils séduit toutes les filles du village en faisant des ricochets !

Il sort.

ACTE II

SCÈNE PREMIÈRE

Un jardin.

Entrent MAITRE BLAZIUS et PERDICAN.

MAITRE BLAZIUS.
Seigneur, votre père est au désespoir.

PERDICAN.
Pourquoi cela?

MAITRE BLAZIUS.
Vous n'ignorez pas qu'il avait formé le projet de vous unir à votre cousine Camille?

PERDICAN.
Eh bien? — Je ne demande pas mieux.

MAITRE BLAZIUS.
Cependant le baron croit remarquer que vos caractères ne s'accordent pas.

PERDICAN.
Cela est malheureux; je ne puis refaire le mien.

MAITRE BLAZIUS.
Rendrez-vous par là ce mariage impossible?

PERDICAN.

Je vous répète que je ne demande pas mieux que d'épouser Camille. Allez trouver le baron et dites-lui cela.

MAITRE BLAZIUS.

Seigneur, je me retire : voilà votre cousine qui vient de ce côté.

Il sort. — Entre Camille.

PERDICAN.

Déjà levée, cousine? J'en suis toujours pour ce que je t'ai dit hier : tu es jolie comme un cœur.

CAMILLE.

Parlons sérieusement, Perdican ; votre père veut nous marier. Je ne sais ce que vous en pensez, mais je crois bien faire en vous prévenant que mon parti est pris là-dessus.

PERDICAN.

Tant pis pour moi si je vous déplais.

CAMILLE.

Pas plus qu'un autre, je ne veux pas me marier; il n'y a rien là dont votre orgueil puisse souffrir.

PERDICAN.

L'orgueil n'est pas mon fait ; je n'en estime ni les joies ni les peines.

CAMILLE.

Je suis venue ici pour recueillir le bien de ma mère; je retourne demain au couvent.

PERDICAN.

Il y a de la franchise dans ta démarche ; touche là, et soyons bons amis.

CAMILLE.

Je n'aime pas les attouchements.

PERDICAN, lui prenant la main.

Donne-moi ta main, Camille, je t'en prie. Que crains-tu de moi? Tu ne veux pas qu'on nous marie? eh bien! ne nous marions pas! Est-ce une raison pour nous haïr? ne sommes-nous pas le frère et la sœur? Lorsque ta mère a ordonné ce mariage dans son testament, elle a voulu que notre amitié fût éternelle, voilà tout ce qu'elle a voulu. Pourquoi nous marier? voilà ta main et voilà la mienne; et, pour qu'elles restent unies ainsi jusqu'au dernier soupir, crois-tu qu'il nous faille un prêtre? Nous n'avons besoin que de Dieu.

CAMILLE.

Je suis bien aise que mon refus vous soit indifférent.

PERDICAN.

Il ne m'est point indifférent, Camille. Ton amour m'eût donné la vie, mais ton amitié m'en consolera. Ne quitte pas le château demain; hier, tu as refusé de faire un tour de jardin, parce que tu voyais en moi un mari dont tu ne voulais pas. Reste ici quelques jours, laisse-moi espérer que notre vie passée n'est pas morte à jamais dans ton cœur.

CAMILLE.
Je suis obligée de partir.

PERDICAN.
Pourquoi?

CAMILLE.
C'est mon secret.

PERDICAN.
En aimes-tu un autre que moi?

CAMILLE.
Non; mais je veux partir.

PERDICAN.
Irrévocablement?

CAMILLE.
Oui, irrévocablement.

PERDICAN.
Eh bien! adieu. J'aurais voulu m'asseoir avec toi sous les marronniers du petit bois, et causer de bonne amitié une heure ou deux; mais, si cela te déplaît, n'en parlons plus. Adieu, mon enfant.

Il sort.

CAMILLE, à dame Pluche, qui entre.
Dame Pluche, tout est-il prêt? Partirons-nous demain? Mon tuteur a-t-il fini ses comptes?

DAME PLUCHE.
Oui, chère colombe sans tache. Le baron m'a traitée de pécore hier soir, et je suis enchantée de partir.

CAMILLE.

Tenez, voilà un mot d'écrit que vous porterez avant dîner, de ma part, à mon cousin Perdican.

DAME PLUCHE.

Seigneur mon Dieu! est-ce possible? Vous écrivez un billet à un homme?

CAMILLE.

Ne dois-je pas être sa femme? Je puis bien écrire à mon fiancé.

DAME PLUCHE.

Le seigneur Perdican sort d'ici. Que pouvez-vous lui écrire? Votre fiancé, miséricorde! Serait-il vrai que vous oubliiez Jésus?

CAMILLE.

Faites ce que je vous dis, et disposez tout pour notre départ.

Elles sortent.

SCÈNE II

La salle à manger. — On met le couvert.

Entre MAITRE BRIDAINE.

Cela est certain, on lui donnera encore aujourd'hui la place d'honneur. Cette chaise que j'ai occupée si longtemps à la droite du baron sera la proie du gouverneur. O malheureux que je suis! Un âne bâté, un ivrogne sans pudeur, me relègue au bas bout de la table! Le majordome lui versera le premier verre de malaga, et, lorsque les plats arriveront à moi, ils seront à moitié froids, et les meilleurs morceaux déjà avalés : il ne restera plus autour des perdreaux ni choux ni carottes. O sainte Église catholique! Qu'on lui ait donné cette place hier, cela se concevait : il venait d'arriver; c'était la première fois, depuis nombre d'années, qu'il s'asseyait à cette table. Dieu! comme il dévorait! Non, rien ne me restera que des os et des pattes de poulet. Je ne souffrirai pas cet affront. Adieu, vénérable fauteuil où je me suis renversé tant de fois, gorgé de mets succulents! Adieu, bouteilles cachetées, fumet sans pareil de venaisons cuites à point! Adieu, table splendide, noble salle à manger, je ne dirai plus le bénédicité! Je retourne à ma cure; on ne me verra pas confondu parmi la foule des convives, et j'aime mieux, comme César, être le premier au village que le second dans Rome.

Il sort.

SCÈNE III

Un champ devant une petite maison.

Entrent ROSETTE et PERDICAN.

PERDICAN.

Puisque ta mère n'y est pas, viens faire un tour de promenade.

ROSETTE.

Croyez-vous que cela me fasse du bien, tous ces baisers que vous me donnez?

PERDICAN.

Quel mal y trouves-tu? Je t'embrasserais devant ta mère. N'es-tu pas la sœur de Camille? ne suis-je pas ton frère comme je suis le sien?

ROSETTE.

Des mots sont des mots, et des baisers sont des baisers. Je n'ai guère d'esprit, et je m'en aperçois bien sitôt que je veux dire quelque chose. Les belles dames savent leur affaire, selon qu'on leur baise la main droite ou la main gauche; leurs pères les embrassent sur le front, leurs frères sur la joue, leurs amoureux sur les lèvres; moi, tout le monde m'embrasse sur les deux joues, et cela me chagrine.

PERDICAN.

Que tu es jolie, mon enfant!

ROSETTE.

Il ne faut pas non plus vous fâcher pour cela. Comme vous paraissez triste ce matin ! Votre mariage est donc manqué?

PERDICAN.

Les paysans de ton village se souviennent de m'avoir aimé; les chiens de la basse-cour et les arbres du bois s'en souviennent aussi; mais Camille ne s'en souvient pas. Et toi, Rosette, à quand le mariage?

ROSETTE.

Ne parlons pas de cela, voulez-vous? Parlons du temps qu'il fait, de ces fleurs que voilà, de vos chevaux et de mes bonnets.

PERDICAN.

De tout ce qui te plaira, de tout ce qui peut passer sur tes lèvres sans leur ôter ce sourire céleste que je respecte plus que ma vie.

Il l'embrasse.

ROSETTE.

Vous respectez mon sourire, mais vous ne respectez guère mes lèvres, à ce qu'il me semble. Regardez donc; voilà une goutte de pluie qui me tombe sur la main, et cependant le ciel est pur.

PERDICAN.

Pardonne-moi.

ROSETTE.

Que vous ai-je fait pour que vous pleuriez?

Ils sortent.

SCÈNE IV

Au château.

Entrent MAITRE BLAZIUS et LE BARON.

MAITRE BLAZIUS.

Seigneur, j'ai une chose singulière à vous dire. Tout à l'heure, j'étais par hasard dans l'office, je veux dire dans la galerie : qu'aurais-je été faire dans l'office? j'étais donc dans la galerie. J'avais trouvé par accident une bouteille, je veux dire une carafe d'eau : comment aurais-je trouvé une bouteille dans la galerie? J'étais donc en train de boire un coup de vin, je veux dire un verre d'eau, pour passer le temps, et je regardais par la fenêtre, entre deux vases de fleurs qui me paraissaient d'un goût moderne, bien qu'ils soient imités de l'étrusque.

LE BARON.

Quelle insupportable manière de parler vous avez adoptée, Blazius! vos discours sont inexplicables.

MAITRE BLAZIUS.

Écoutez-moi, Seigneur, prêtez-moi un moment d'attention. Je regardais donc par la fenêtre. Ne vous impatientez pas, au nom du Ciel! il y va de l'honneur de la famille.

LE BARON.

De la famille! voilà qui est incompréhensible. De l'honneur de la famille, Blazius? Savez-vous que nous sommes trente-sept mâles, et presque autant de femmes, tant à Paris qu'en province?

MAITRE BLAZIUS.

Permettez-moi de continuer. Tandis que je buvais un coup de vin, je veux dire un verre d'eau, pour hâter la digestion tardive, imaginez que j'ai vu passer sous la fenêtre dame Pluche hors d'haleine.

LE BARON.

Pourquoi hors d'haleine, Blazius? ceci est insolite.

MAITRE BLAZIUS.

Et à côté d'elle, rouge de colère, votre nièce Camille.

LE BARON.

Qui était rouge de colère, ma nièce ou dame Pluche?

MAITRE BLAZIUS.

Votre nièce, Seigneur.

LE BARON.

Ma nièce rouge de colère? Cela est inouï! Et comment savez-vous que c'était de colère? Elle pouvait être rouge pour mille raisons; elle avait sans doute poursuivi quelques papillons dans mon parterre.

MAITRE BLAZIUS.

Je ne puis rien affirmer là-dessus ; cela se peut ; mais elle s'écriait avec force : « Allez-y ! trouvez-le ! faites ce qu'on vous dit ! vous êtes une sotte ! je le veux ! » Et elle frappait avec son éventail sur le coude de dame Pluche, qui faisait un soubresaut dans la luzerne à chaque exclamation.

LE BARON.

Dans la luzerne ?... Et que répondait la gouvernante aux extravagances de ma nièce ? car cette conduite mérite d'être qualifiée ainsi.

MAITRE BLAZIUS.

La gouvernante répondait : « Je ne veux pas y aller ! Je ne l'ai pas trouvé. Il fait la cour aux filles du village, à des gardeuses de dindons. Je suis trop vieille pour commencer à porter des messages d'amour ; grâce à Dieu, j'ai vécu les mains pures jusqu'ici. » — Et, tout en parlant, elle froissait dans ses mains un petit papier plié en quatre.

LE BARON.

Je n'y comprends rien ; mes idées s'embrouillent tout à fait. Quelle raison pouvait avoir dame Pluche pour froisser un papier plié en quatre en faisant des soubresauts dans une luzerne ? Je ne puis ajouter foi à de pareilles monstruosités.

MAITRE BLAZIUS.

Ne comprenez-vous pas clairement, Seigneur, ce que cela signifiait ?

LE BARON.

Non, en vérité, non, mon ami, je n'y comprends absolument rien. Tout cela me paraît une conduite désordonnée, il est vrai, mais sans motif comme sans excuse.

MAITRE BLAZIUS.

Cela veut dire que votre nièce a une correspondance secrète.

LE BARON.

Que dites-vous? Songez-vous de qui vous parlez? Pesez vos paroles, Monsieur l'abbé.

MAITRE BLAZIUS.

Je les pèserais dans la balance céleste qui doit peser mon âme au jugement dernier, que je n'y trouverais pas un mot qui sente la fausse monnaie. Votre nièce a une correspondance secrète.

LE BARON.

Mais songez donc, mon ami, que cela est impossible.

MAITRE BLAZIUS.

Pourquoi aurait-elle chargé sa gouvernante d'une lettre? Pourquoi aurait-elle crié : *Trouvez-le!* tandis que l'autre boudait et rechignait?

LE BARON.

Et à qui était adressée cette lettre?

MAITRE BLAZIUS.

Voilà précisément le *hic*, Monseigneur, *hic jacet lepus*. A qui était adressée cette lettre? A un homme qui fait la cour à une gardeuse de dindons. Or, un homme qui recherche en public une gardeuse de dindons peut être soupçonné violemment d'être né pour les garder lui-même. Cependant il est impossible que votre nièce, avec l'éducation qu'elle a reçue, soit éprise d'un pareil homme ; voilà ce que je dis, et ce qui fait que je n'y comprends rien non plus que vous, révérence parler.

LE BARON.

O Ciel! ma nièce m'a déclaré ce matin même qu'elle refusait son cousin Perdican. Aimerait-elle un gardeur de dindons? Passons dans mon cabinet ; j'ai éprouvé depuis hier des secousses si violentes que je ne puis rassembler mes idées.

Ils sortent.

SCÈNE V

Une fontaine dans un bois.

Entre PERDICAN, lisant un billet.

« Trouvez-vous à midi à la petite fontaine. » Que veut dire cela? tant de froideur, un refus si positif, si cruel, un orgueil si insensible, et un rendez-vous par-dessus tout? Si c'est pour me parler d'affaires, pourquoi choisir un pareil endroit? Est-ce une coquetterie? Ce matin, en me promenant avec Rosette, j'ai entendu remuer dans les broussailles, et il m'a semblé que c'était un pas de biche. Y a-t-il ici quelque intrigue ?

Entre Camille..

CAMILLE.

Bonjour, cousin ; j'ai cru m'apercevoir, à tort ou à raison, que vous me quittiez tristement ce matin. Vous m'avez pris la main malgré moi, je viens vous demander de me donner la vôtre. Je vous ai refusé un baiser, le voilà.

Elle l'embrasse.

Maintenant, vous m'avez dit que vous seriez bien aise de causer de bonne amitié. Asseyez-vous là, et causons.

Elle s'assoit.

PERDICAN.

Avais-je fait un rêve, ou en fais-je un autre en ce moment ?

CAMILLE.

Vous avez trouvé singulier de recevoir un billet de moi, n'est-ce pas ? Je suis d'humeur changeante ; mais vous m'avez dit ce matin un mot très juste : « Puisque nous nous quittons, quittons-nous bons amis. » Vous ne savez pas la raison pour laquelle je pars, et je viens vous la dire : je vais prendre le voile.

PERDICAN.

Est-ce possible ? Est-ce toi, Camille, que je vois dans cette fontaine, assise sur les marguerites comme aux jours d'autrefois ?

CAMILLE.

Oui, Perdican, c'est moi. Je viens revivre un quart d'heure de la vie passée. Je vous ai paru brusque et hautaine ; cela est tout simple, j'ai renoncé au monde. Cependant, avant de le quitter, je serais bien aise d'avoir votre avis. Trouvez-vous que j'aie raison de me faire religieuse?

PERDICAN.

Ne m'interrogez pas là-dessus, car je ne me ferai jamais moine.

CAMILLE.

Depuis près de dix ans que nous avons vécu éloignés l'un de l'autre, vous avez commencé l'expérience de la vie. Je sais quel homme vous êtes, et vous devez avoir beaucoup appris en peu de temps, avec un cœur et un esprit comme les vôtres. Dites-moi, avez-vous eu des maîtresses?

PERDICAN.

Pourquoi cela?

CAMILLE.

Répondez-moi, je vous en prie, sans modestie et sans fatuité.

PERDICAN.

J'en ai eu.

CAMILLE.

Les avez-vous aimées?

PERDICAN.

De tout mon cœur.

CAMILLE.

Où sont-elles maintenant? Le savez-vous?

PERDICAN.

Voilà, en vérité, des questions singulières. Que voulez-vous que je vous dise? Je ne suis ni leur mari ni leur frère; elles sont allées où bon leur a semblé.

CAMILLE.

Il doit nécessairement y en avoir une que vous ayez préférée aux autres. Combien de temps avez-vous aimé celle que vous avez aimée le mieux?

PERDICAN.

Tu es une drôle de fille! Veux-tu te faire mon confesseur?

CAMILLE.

C'est une grâce que je vous demande, de me répondre sincèrement. Vous n'êtes point un libertin, et je crois que votre cœur a de la probité. Vous avez dû inspirer l'amour, car vous le méritez, et vous ne vous seriez pas livré à un caprice. Répondez-moi, je vous en prie.

PERDICAN.

Ma foi, je ne m'en souviens pas.

CAMILLE.

Connaissez-vous un homme qui n'ait aimé qu'une femme?

PERDICAN.

Il y en a certainement.

CAMILLE.

Est-ce un de vos amis? Dites-moi son nom.

PERDICAN.

Je n'ai pas de nom à vous dire, mais je crois qu'il y a des hommes capables de n'aimer qu'une fois.

CAMILLE.

Combien de fois un honnête homme peut-il aimer?

PERDICAN.

Veux-tu me faire réciter une litanie, ou récites-tu toi-même un catéchisme?

CAMILLE.

Je voudrais m'instruire, et savoir si j'ai tort ou raison de me faire religieuse. Si je vous épousais, ne devriez-vous pas répondre avec franchise à toutes mes questions, et me montrer votre cœur à nu? Je vous estime beaucoup, et je vous crois, par votre éducation et par votre nature, supérieur à beaucoup d'autres hommes. Je suis fâchée que vous ne vous souveniez plus de ce que je vous demande; peut-être, en vous connaissant mieux, je m'enhardirais.

PERDICAN.

Où veux-tu en venir? Parle; je répondrai.

CAMILLE.

Répondez donc à ma première question. Ai-je raison de rester au couvent?

PERDICAN.
Non.

CAMILLE.
Je ferais donc mieux de vous épouser?

PERDICAN.
Oui.

CAMILLE.
Si le curé de votre paroisse soufflait sur un verre d'eau et vous disait que c'est un verre de vin, le boiriez-vous comme tel?

PERDICAN.
Non.

CAMILLE.
Si le curé de votre paroisse soufflait sur vous et me disait que vous m'aimerez toute votre vie, aurais-je raison de le croire?

PERDICAN.
Oui et non.

CAMILLE.
Que me conseilleriez-vous de faire le jour où je verrais que vous ne m'aimez plus?

PERDICAN.
De prendre un amant.

CAMILLE.
Que ferai-je ensuite le jour où mon amant ne m'aimera plus?

PERDICAN.
Tu en prendras un autre.

CAMILLE.
Combien de temps cela durera-t-il ?
PERDICAN.
Jusqu'à ce que tes cheveux soient gris, et alors les miens seront blancs.
CAMILLE.
Savez-vous ce que c'est que les cloîtres, Perdican ? Vous êtes-vous jamais assis un jour entier sur le banc d'un monastère de femmes?
PERDICAN.
Oui, je m'y suis assis.
CAMILLE.
J'ai pour amie une sœur qui n'a que trente ans, et qui a eu cinq cent mille livres de revenu à l'âge de quinze ans. C'est la plus belle et la plus noble créature qui ait marché sur terre. Elle était pairesse du parlement, et avait pour mari un des hommes les plus distingués de France. Aucune des nobles facultés humaines n'était restée sans culture en elle, et, comme un arbrisseau d'une sève choisie, tous ses bourgeons avaient donné des ramures. Jamais l'amour et le bonheur ne poseront leur couronne fleurie sur un front plus beau. Son mari l'a trompée ; elle a aimé un autre homme, et elle se meurt de désespoir.
PERDICAN.
Cela est possible.
CAMILLE.
Nous habitons la même cellule, et j'ai passé des

nuits entières à parler de ses malheurs ; ils sont presque devenus les miens. Cela est singulier, n'est-ce pas ? Je ne sais trop comment cela se fait. Quand elle me parlait de son mariage, quand elle me peignait d'abord l'ivresse des premiers jours, puis la tranquillité des autres, et comme enfin tout s'était envolé ; comme elle était assise le soir au coin du feu, et lui auprès de la fenêtre, sans se dire un seul mot ; comme leur amour avait langui, et comme tous les efforts pour se rapprocher n'aboutissaient qu'à des querelles ; comme une figure étrangère est venue peu à peu se placer entre eux et se glisser dans leurs souffrances, c'était moi que je voyais agir tandis qu'elle parlait. Quand elle disait : « Là, j'ai été heureuse », mon cœur bondissait ; et quand elle ajoutait : « Là, j'ai pleuré », mes larmes coulaient. Mais figurez-vous quelque chose de plus singulier encore : j'avais fini par me créer une vie imaginaire ; cela a duré quatre ans ; il est inutile de vous dire par combien de réflexions, de retours sur moi-même, tout cela est venu. Ce que je voulais vous raconter comme une curiosité, c'est que tous les récits de Louise, toutes les fictions de mes rêves, portaient votre ressemblance.

PERDICAN.

Ma ressemblance à moi ?

CAMILLE.

Oui, et cela est naturel : vous étiez le seul

homme que j'eusse connu. En vérité, je vous ai aimé, Perdican.

PERDICAN.

Quel âge as-tu, Camille?

CAMILLE.

Dix-huit ans.

PERDICAN.

Continue, continue; j'écoute.

CAMILLE.

Il y a deux cents femmes dans notre couvent; un petit nombre de ces femmes ne connaîtra jamais la vie, et tout le reste attend la mort. Plus d'une parmi elles sont sorties du monastère comme j'en sors aujourd'hui, vierges et pleines d'espérances. Elles sont revenues peu de temps après, vieilles et désolées. Tous les jours il en meurt dans nos dortoirs, et tous les jours il en vient de nouvelles prendre la place des mortes sur les matelas de crin. Les étrangers qui nous visitent admirent le calme et l'ordre de la maison; ils regardent attentivement la blancheur de nos voiles, mais ils se demandent pourquoi nous les rabaissons sur nos yeux. Que pensez-vous de ces femmes, Perdican? Ont-elles tort ou ont-elles raison?

PERDICAN.

Je n'en sais rien.

CAMILLE.

Il s'en est trouvé quelques-unes qui me conseillent de rester vierge. Je suis bien aise de vous consulter. Croyez-vous que ces femmes-là auraient mieux fait de prendre un amant et de me conseiller d'en faire autant ?

PERDICAN.

Je n'en sais rien.

CAMILLE.

Vous aviez promis de me répondre.

PERDICAN.

J'en suis dispensé tout naturellement : je ne crois pas que ce soit toi qui parles.

CAMILLE.

Cela se peut, il doit y avoir dans toutes mes idées des choses très ridicules. Il se peut bien qu'on m'ait fait la leçon, et que je ne sois qu'un perroquet mal appris. Il y a dans la galerie un petit tableau qui représente un moine courbé sur un missel ; à travers les barreaux obscurs de sa cellule glisse un faible rayon de soleil, et on aperçoit une locanda italienne, devant laquelle danse un chevrier. Lequel de ces deux hommes estimez-vous davantage ?

PERDICAN.

Ni l'un ni l'autre et tous les deux. Ce sont deux hommes de chair et d'os ; il y en a un qui lit et un autre qui danse ; je n'y vois pas autre chose. Tu as raison de te faire religieuse.

CAMILLE.

Vous me disiez non tout à l'heure.

PERDICAN.

Ai-je dit non? Cela est possible.

CAMILLE.

Ainsi vous me le conseillez?

PERDICAN.

Ainsi, tu ne crois à rien?

CAMILLE.

Lève la tête, Perdican! quel est l'homme qui ne croit à rien?

PERDICAN, se levant.

En voilà un : je ne crois pas à la vie immortelle. — Ma sœur chérie, les religieuses t'ont donné leur expérience; mais, crois-moi, ce n'est pas la tienne; tu ne mourras pas sans aimer.

CAMILLE.

Je veux aimer, mais je ne veux pas souffrir; je veux aimer d'un amour éternel, et faire des serments qui ne se violent pas. Voilà mon amant.

Elle montre son crucifix.

PERDICAN.

Cet amant-là n'exclut pas les autres.

CAMILLE.

Pour moi, du moins, il les exclura. Ne souriez pas, Perdican! Il y a dix ans que je ne vous ai vu, et je pars demain. Dans dix autres années, si nous nous revoyons, nous en reparlerons. J'ai voulu ne pas rester dans votre souvenir comme une froide statue, car l'insensibilité mène au point où j'en suis. Écoutez-moi: retournez à la vie, et tant que vous serez heureux, tant que vous aimerez comme on peut aimer sur la terre, oubliez votre sœur Camille ; mais, s'il vous arrive jamais d'être oublié ou d'oublier vous-même, si l'ange de l'espérance vous abandonne, lorsque vous serez seul avec le vide dans le cœur, pensez à moi qui prierai pour vous.

PERDICAN.

Tu es une orgueilleuse ; prends garde à toi.

CAMILLE.

Pourquoi ?

PERDICAN.

Tu as dix-huit ans, et tu ne crois pas à l'amour !

CAMILLE.

Y croyez-vous, vous qui parlez ? Vous voilà courbé près de moi avec des genoux qui se sont usés sur les tapis de vos maîtresses, et vous n'en savez plus le nom. Vous avez pleuré des larmes de joie et des larmes de désespoir ; mais vous saviez que l'eau des sources est plus constante que vos larmes, et qu'elle serait toujours là pour laver vos paupières gonflées. Vous faites votre métier de jeune homme, et vous souriez quand on vous parle de femmes désolées ; vous ne croyez pas qu'on puisse mourir d'amour, vous qui vivez et qui avez aimé. Qu'est-ce donc que le monde ? Il me semble que vous devez cordialement mépriser les femmes qui vous prennent tel que vous êtes, et qui chassent leur dernier amant pour vous attirer dans leurs bras avec les baisers d'un autre sur les lèvres. Je vous demandais tout à l'heure si vous aviez aimé ; vous m'avez répondu comme un voyageur à qui l'on demanderait s'il a été en Italie ou en Allemagne, et qui dirait : « Oui, j'y ai été », puis qui penserait à aller en Suisse, ou dans le premier pays venu. Est-ce donc une monnaie que votre amour pour qu'il puisse passer ainsi de main en main jusqu'à la mort ? Non, ce n'est pas même une monnaie : car la plus mince pièce d'or vaut mieux que vous, et, dans quelques mains qu'elle passe, elle garde son effigie.

PERDICAN.

Que tu es belle, Camille, lorsque tes yeux s'animent !

CAMILLE.

Oui, je suis belle, je le sais. Les complimenteurs ne m'apprendront rien : la froide nonne qui coupera mes cheveux pâlira peut-être de sa mutilation, mais ils ne se changeront pas en bagues et en chaînes pour courir les boudoirs ; il n'en manquera pas un seul sur ma tête lorsque le fer y passera ; je ne veux qu'un coup de ciseau, et, quand le prêtre qui me bénira me mettra au doigt l'anneau d'or de mon époux céleste, la mèche de cheveux que je lui donnerai pourra lui servir de manteau.

PERDICAN.

Tu es en colère, en vérité.

CAMILLE.

J'ai eu tort de parler; j'ai ma vie entière sur les lèvres. O Perdican! ne raillez pas, tout cela est triste à mourir.

PERDICAN.

Pauvre enfant, je te laisse dire, et j'ai bien envie de te répondre un mot. Tu me parles d'une religieuse qui me paraît avoir eu sur toi une influence funeste; tu dis qu'elle a été trompée, qu'elle a trompé elle-même et qu'elle est désespérée. Es-tu sûre que, si son mari ou son amant revenait lui tendre la main à travers la grille du parloir, elle ne lui tendrait pas la sienne?

CAMILLE.

Qu'est-ce que vous dites? J'ai mal entendu.

PERDICAN.

Es-tu sûre que, si son mari ou son amant revenait lui dire de souffrir encore, elle répondrait non?

CAMILLE.

Je le crois,

PERDICAN.

Il y a deux cents femmes dans ton monastère, et la plupart ont au fond du cœur des blessures profondes; elles te les ont fait toucher, et elles ont coloré ta pensée virginale des gouttes de leur sang. Elles ont vécu, n'est-ce pas? et elles t'ont montré avec horreur la route de leur vie; tu t'es signée devant leurs cicatrices comme devant les plaies de Jésus; elles t'ont fait une place dans leur procession lugubre, et tu te serres contre ces corps décharnés avec une crainte religieuse, lorsque tu vois passer un homme. Es-tu sûre que, si l'homme qui passe était celui qui les a trompées, celui pour qui elles pleurent et elles souffrent, celui qu'elles maudissent en priant Dieu, es-tu sûre qu'en le voyant elles ne briseraient pas leurs chaînes pour courir à leurs malheurs passés, et pour presser leurs poitrines sanglantes sur le poignard qui les a meurtries ? O mon enfant ! sais-tu les rêves de ces femmes qui te disent de ne pas rêver ? Sais-tu quel nom elles murmurent quand les sanglots qui sortent de leurs lèvres font trembler l'hostie qu'on leur présente? Elles qui s'assoient près de toi avec leurs têtes branlantes pour verser dans ton oreille leur vieillesse flétrie, elles qui sonnent dans les ruines de ta jeunesse le tocsin de leur désespoir, et font sentir à ton sang vermeil la fraîcheur de leurs tombes, sais-tu qui elles sont ?

CAMILLE.

Vous me faites peur; la colère vous prend aussi.

PERDICAN.

Sais-tu ce que c'est que des nonnes, malheureuse fille ? Elles qui te représentent l'amour des hommes comme un mensonge, savent-elles qu'il y a pis encore, le mensonge de l'amour divin ?

Savent-elles que c'est un crime qu'elles font, de venir chuchoter à une vierge des paroles de femme? Ah! comme elles t'ont fait la leçon! Comme j'avais prévu tout cela quand tu t'es arrêtée devant le portrait de notre vieille tante! Tu voulais partir sans me serrer la main; tu ne voulais revoir ni ce bois, ni cette pauvre petite fontaine qui nous regarde tout en larmes; tu reniais les jours de ton enfance, et le masque de plâtre que les nonnes t'ont placé sur les joues me refusait un baiser de frère; mais ton cœur a battu; il a oublié sa leçon, lui qui ne sait pas lire, et tu es revenue t'asseoir sur l'herbe où nous voilà. Eh bien! Camille, ces femmes ont bien parlé; elles t'ont mise dans le vrai chemin; il pourra m'en coûter le bonheur de ma vie; mais dis-leur cela de ma part: le Ciel n'est pas pour elles.

CAMILLE.

Ni pour moi, n'est-ce pas?

PERDICAN.

Adieu, Camille, retourne à ton couvent, et, lorsqu'on te fera de ces récits hideux qui t'ont empoisonnée, réponds ce que je vais te dire: Tous les hommes sont menteurs, inconstants, faux, bavards, hypocrites, orgueilleux ou lâches, méprisables et sensuels; toutes les femmes sont perfides, artificieuses, vaniteuses, curieuses et dépravées; le monde n'est qu'un égout sans fond où les phoques les plus informes rampent et se tordent sur des montagnes de fange ; mais il y a au monde une chose sainte et sublime, c'est l'union de deux de ces êtres si imparfaits et si affreux. On est souvent trompé en amour, souvent blessé et souvent malheureux ; mais on aime, et, quand on est sur le bord de sa tombe, on se retourne pour regarder en arrière, et on se dit : « J'ai souffert souvent, je me suis trompé quelquefois, mais j'ai aimé. C'est moi qui ai vécu, et non pas un être factice créé par mon orgueil et mon ennui. »

Il sort.

ACTE III

SCÈNE PREMIÈRE

Devant le château.

Entrent LE BARON et MAITRE BLAZIUS.

LE BARON.
Indépendamment de votre ivrognerie, vous êtes un belître, Maître Blazius. Mes valets vous voient entrer furtivement dans l'office, et, quand vous êtes convaincu d'avoir volé mes bouteilles de la manière la plus pitoyable, vous croyez vous justifier en accusant ma nièce d'une correspondance secrète.

MAITRE BLAZIUS.
Mais, Monseigneur, veuillez vous rappeler...

LE BARON.
Sortez, Monsieur l'abbé, et ne reparaissez jamais devant moi; il est déraisonnable d'agir comme vous le faites, et ma gravité m'oblige à ne vous pardonner de ma vie.

Il sort; maître Blazius le suit. Entre Perdican.

PERDICAN.

Je voudrais bien savoir si je suis amoureux. D'un côté, cette manière d'interroger tant soit peu cavalière, pour une fille de dix-huit ans ; d'un autre, les idées que ces nonnes lui ont fourrées dans la tête auront de la peine à se corriger. De plus, elle doit partir aujourd'hui. Diable! je l'aime, cela est sûr. Après tout, qui sait? peut-être elle répétait une leçon, et d'ailleurs il est clair qu'elle ne se soucie pas de moi. D'une autre part, elle a beau être jolie, cela n'empêche pas qu'elle n'ait des manières beaucoup trop décidées et un ton trop brusque. Je n'ai qu'à n'y plus penser ; il est clair que je ne l'aime pas. Cela est certain qu'elle est jolie ; mais pourquoi cette conversation d'hier ne veut-elle pas me sortir de la tête? En vérité, j'ai passé la nuit à radoter. Où vais-je donc? — Ah! je vais au village.

Il sort.

SCÈNE II

Un chemin.

Entre MAITRE BRIDAINE.

Que font-ils maintenant? Hélas! voilà midi. — Ils sont à table. Que mangent-ils? que ne mangent-ils pas? J'ai vu la cuisinière traverser le village avec un énorme dindon. L'aide portait les truffes, avec un panier de raisin.

Entre maitre Blazius.

MAITRE BLAZIUS.

O disgrâce imprévue! me voilà chassé du château, par conséquent de la salle à manger. Je ne boirai plus le vin de l'office.

MAITRE BRIDAINE.

Je ne verrai plus fumer les plats; je ne chaufferai plus au feu de la noble cheminée mon ventre copieux.

MAITRE BLAZIUS.

Pourquoi une fatale curiosité m'a-t-elle poussé à écouter le dialogue de dame Pluche et de la nièce? Pourquoi ai-je rapporté au baron tout ce que j'ai vu?

MAITRE BRIDAINE.

Pourquoi un vain orgueil m'a-t-il éloigné de ce dîner honorable, où j'étais si bien accueilli? Que m'importait d'être à droite ou à gauche?

MAITRE BLAZIUS.

Hélas! j'étais gris, il faut en convenir, lorsque j'ai fait cette folie.

MAITRE BRIDAINE.

Hélas! le vin m'avait monté à la tête quand j'ai commis cette imprudence.

MAITRE BLAZIUS.

Il me semble que voilà le curé.

MAITRE BRIDAINE.
C'est le gouverneur en personne.
MAITRE BLAZIUS.
Oh! oh! Monsieur le curé, que faites-vous là?
MAITRE BRIDAINE.
Moi! je vais dîner. N'y venez-vous pas?
MAITRE BLAZIUS.
Pas aujourd'hui. Hélas! Maître Bridaine, intercédez pour moi; le baron m'a chassé. J'ai accusé faussement Mlle Camille d'avoir une correspondance secrète, et cependant Dieu m'est témoin que j'ai vu ou que j'ai cru voir dame Pluche dans la luzerne. Je suis perdu, Monsieur le curé.
MAITRE BRIDAINE.
Que m'apprenez-vous là?
MAITRE BLAZIUS.
Hélas! hélas! la vérité. Je suis en disgrâce complète pour avoir volé une bouteille.
MAITRE BRIDAINE.
Que parlez-vous, Messire, de bouteilles volées à propos d'une luzerne et d'une correspondance?
MAITRE BLAZIUS.
Je vous supplie de plaider ma cause. Je suis honnête, Seigneur Bridaine. O digne seigneur Bridaine, je suis votre serviteur!
MAITRE BRIDAINE, à part.
O fortune! est-ce un rêve? Je serai donc assis sur toi, ô chaise bienheureuse!

MAITRE BLAZIUS.

Je vous serai reconnaissant d'écouter mon histoire, et de vouloir bien m'excuser, brave seigneur, cher curé.

MAITRE BRIDAINE.

Cela m'est impossible, Monsieur; il est midi sonné, et je m'en vais dîner. Si le baron se plaint de vous, c'est votre affaire. Je n'intercède point pour un ivrogne.

A part.

Vite, volons à la grille; et toi, mon ventre, arrondis-toi.

Il sort en courant.

MAITRE BLAZIUS, seul.

Misérable Pluche, c'est toi qui payeras pour tous; oui, c'est toi qui es la cause de ma ruine, femme déhontée, vile entremetteuse, c'est à toi que je dois cette disgrâce. O sainte Université de Paris! on me traite d'ivrogne! Je suis perdu si je ne saisis une lettre, et si je ne prouve au baron que sa nièce a une correspondance. Je l'ai vue ce matin écrire à son bureau. Patience! voici du nouveau.

Passe dame Pluche portant une lettre.

Pluche, donnez-moi cette lettre.

DAME PLUCHE.

Que signifie cela? C'est une lettre de ma maîtresse que je vais mettre à la poste au village.

MAITRE BLAZIUS.

Donnez-la-moi, ou vous êtes morte.

DAME PLUCHE.

Moi, morte! morte! Marie, Jésus, vierge et martyre!

MAITRE BLAZIUS.

Oui, morte, Pluche; donnez-moi ce papier.
Ils se battent. Entre Perdican.

PERDICAN.

Qu'y a-t-il? Que faites-vous, Blazius? Pourquoi violenter cette femme?

DAME PLUCHE.

Rendez-moi la lettre. Il me l'a prise, Seigneur, justice!

MAITRE BLAZIUS.

C'est une entremetteuse, Seigneur. Cette lettre est un billet doux.

DAME PLUCHE.

C'est une lettre de Camille, Seigneur, de votre fiancée.

MAITRE BLAZIUS.

C'est un billet doux à un gardeur de dindons.

DAME PLUCHE.

Tu en as menti, abbé. Apprends cela de moi.

PERDICAN.

Donnez-moi cette lettre; je ne comprends rien

à votre dispute; mais, en qualité de fiancé de Camille, je m'arroge le droit de la lire.

<small>Il lit.</small>

A la sœur Louise, au couvent de***.

<small>A part.</small>

Quelle maudite curiosité me saisit malgré moi! Mon cœur bat avec force, et je ne sais ce que j'éprouve. — Retirez-vous, dame Pluche; vous êtes une digne femme, et maître Blazius est un sot. Allez dîner; je me charge de remettre cette lettre à la poste.

<small>Sortent maître Blazius et dame Pluche.</small>

PERDICAN, seul.

Que ce soit un crime d'ouvrir une lettre, je le sais trop bien pour le faire. Que peut dire Camille à cette sœur? Suis-je donc amoureux? Quel empire a donc pris sur moi cette singulière fille, pour que les trois mots écrits sur cette adresse me fassent trembler la main? Cela est singulier; Blazius, en se débattant avec la dame Pluche, a fait sauter le cachet. Est-ce un crime de rompre le pli? Bon, je n'y changerai rien.

<small>Il ouvre la lettre et lit.</small>

Je pars aujourd'hui, ma chère, et tout est arrivé comme je l'avais prévu. C'est une terrible chose; mais ce pauvre jeune homme a le poignard dans le cœur; il ne se consolera pas de m'avoir perdue.

Cependant j'ai fait tout au monde pour le dégoûter de moi. Dieu me pardonnera de l'avoir réduit au désespoir par mon refus. Hélas! ma chère, que pouvais-je y faire? Priez pour moi; nous nous reverrons demain, et pour toujours. Toute à vous du meilleur de mon âme.

CAMILLE.

Est-il possible? Camille écrit cela? C'est de moi qu'elle parle ainsi! Moi au désespoir de son refus! Eh! bon Dieu, si cela était vrai, on le verrait bien; quelle honte peut-il y avoir à aimer? Elle a fait tout au monde pour me dégoûter, dit-elle, et j'ai le poignard dans le cœur? Quel intérêt peut-elle avoir à inventer un roman pareil? Cette pensée que j'avais cette nuit est-elle donc vraie? O femmes! Cette pauvre Camille a peut-être une grande piété! c'est de bon cœur qu'elle se donne à Dieu, mais elle a résolu et décrété qu'elle me laisserait au désespoir. Cela était convenu entre les bonnes amies avant de partir du couvent. On a décidé que Camille allait revoir son cousin, qu'on voudrait le lui faire épouser, qu'elle refuserait, et que le cousin serait désolé. Cela est si intéressant, une jeune fille qui fait à Dieu le sacrifice du bonheur d'un cousin! Non, non, Camille, je ne t'aime pas, je ne suis pas au désespoir, je n'ai pas le poignard dans le cœur, et je te le prouverai. Oui, tu sauras que j'en aime une autre avant de partir d'ici. Holà! brave homme!

<small>Entre un paysan.</small>

Allez au château ; dites à la cuisine qu'on envoie un valet porter à Mlle Camille le billet que voici.

<small>Il écrit.</small>

LE PAYSAN.

Oui, Monseigneur.

<small>Il sort.</small>

PERDICAN.

Maintenant, à l'autre. Ah! je suis au désespoir! Holà! Rosette, Rosette!

<small>Il frappe à une porte.</small>

ROSETTE, ouvrant.

C'est vous, Monseigneur! Entrez, ma mère y est.

PERDICAN.

Mets ton plus beau bonnet, Rosette, et viens avec moi.

ROSETTE.

Où donc?

PERDICAN.

Je te le dirai; demande la permission à ta mère, mais dépêche-toi.

ROSETTE.

Oui, Monseigneur.

<small>Elle entre dans la maison.</small>

PERDICAN.

J'ai demandé un nouveau rendez-vous à Camille,

et je suis sûr qu'elle y viendra ; mais, par le Ciel, elle n'y trouvera pas ce qu'elle compte y trouver. Je veux faire la cour à Rosette devant Camille elle-même.

SCÈNE III

Le petit bois.

Entrent CAMILLE et LE PAYSAN.

LE PAYSAN.

Mademoiselle, je vais au château porter une lettre pour vous ; faut-il que je vous la donne, ou que je la remette à la cuisine, comme me l'a dit le seigneur Perdican ?

CAMILLE.

Donne-la-moi.

LE PAYSAN.

Si vous aimez mieux que je la porte au château, ce n'est pas la peine de m'attarder ?

CAMILLE.

Je te dis de me la donner.

LE PAYSAN.

Ce qui vous plaira.

Il donne la lettre.

CAMILLE.

Tiens, voilà pour ta peine.

LE PAYSAN.

Grand merci; je m'en vais, n'est-ce pas?

CAMILLE.

Si tu veux.

LE PAYSAN.

Je m'en vais, je m'en vais.

Il sort.

CAMILLE, lisant.

Perdican me demande de lui dire adieu, avant de partir, près de la petite fontaine où je l'ai fait venir hier. Que peut-il avoir à me dire? Voilà justement la fontaine, et je suis toute portée. Dois-je accorder ce second rendez-vous? Ah!

Elle se cache derrière un arbre.

Voilà Perdican qui approche avec Rosette, ma sœur de lait. Je suppose qu'il va la quitter; je suis bien aise de ne pas avoir l'air d'arriver la première.

Entrent Perdican et Rosette, qui s'assoient.

CAMILLE, cachée, à part.

Que veut dire cela? Il la fait asseoir près de lui? Me demande-t-il un rendez-vous pour y venir causer avec une autre? Je suis curieuse de savoir ce qu'il lui dit.

PERDICAN, à haute voix, de manière que Camille l'entende.

Je t'aime, Rosette! toi seule au monde tu n'as rien oublié de nos beaux jours passés; toi seule tu te souviens de la vie qui n'est plus; prends ta part de ma vie nouvelle; donne-moi ton cœur, chère enfant; voilà le gage de notre amour.

Il lui pose sa chaîne sur le cou.

ROSETTE.

Vous me donnez votre chaîne d'or?

PERDICAN.

Regarde à présent cette bague. Lève-toi, et approchons-nous de cette fontaine. Nous vois-tu tous les deux, dans la source, appuyés l'un sur l'autre? Vois-tu tes beaux yeux près des miens, ta main dans la mienne? Regarde tout cela s'effacer.

Il jette sa bague dans l'eau.

Regarde comme notre image a disparu; la voilà qui revient peu à peu; l'eau qui s'était troublée reprend son équilibre; elle tremble encore; de grands cercles noirs courent à sa surface; patience, nous reparaissons; déjà je distingue de nouveau tes bras enlacés dans les miens; encore une minute, et il n'y aura plus une ride sur ton joli visage; regarde! c'était une bague que m'avait donnée Camille.

CAMILLE, à part.

Il a jeté ma bague dans l'eau!

PERDICAN.

Sais-tu ce que c'est que l'amour, Rosette? Écoute! le vent se tait; la pluie du matin roule en perles sur les feuilles séchées que le soleil ranime. Par la lumière du ciel, par le soleil que voilà, je t'aime ! Tu veux bien de moi, n'est-ce pas ? On n'a pas flétri ta jeunesse ; on n'a pas infiltré dans ton sang vermeil les restes d'un sang affadi ? Tu ne veux pas te faire religieuse ; te voilà jeune et belle dans les bras d'un jeune homme. O Rosette, Rosette ! sais-tu ce que c'est que l'amour ?

ROSETTE.

Hélas ! Monsieur le docteur, je vous aimerai comme je pourrai.

PERDICAN.

Oui, comme tu pourras ; et tu m'aimeras mieux, tout docteur que je suis et toute paysanne que tu es, que ces pâles statues, fabriquées par les nonnes, qui ont la tête à la place du cœur, et qui sortent des cloîtres pour venir répandre dans la vie l'atmosphère humide de leurs cellules ; tu ne sais rien ; tu ne lirais pas dans un livre la prière que ta mère t'apprend, comme elle l'a apprise de sa mère ; tu ne comprends même pas le sens des paroles que tu répètes quand tu t'agenouilles au pied de ton lit ; mais tu comprends bien que tu pries, et c'est tout ce qu'il faut à Dieu.

ROSETTE.

Comme vous me parlez, Monseigneur !

PERDICAN.

Tu ne sais pas lire ; mais tu sais ce que disent ces bois et ces prairies, ces tièdes rivières, ces beaux champs couverts de moissons, toute cette nature splendide de jeunesse. Tu reconnais tous ces milliers de frères, et moi pour l'un d'entre eux; lève-toi, tu seras ma femme, et nous prendrons racine ensemble dans la sève du monde tout-puissant.

Il sort avec Rosette.

SCÈNE IV

Entre LE CHŒUR.

Il se passe assurément quelque chose d'étrange au château; Camille a refusé d'épouser Perdican; elle doit retourner aujourd'hui au couvent dont elle est venue. Mais je crois que le seigneur son cousin s'est consolé avec Rosette. Hélas! la pauvre fille ne sait pas quel danger elle court en écoutant les discours d'un jeune et galant seigneur.

DAME PLUCHE, entrant.

Vite, vite, qu'on selle mon âne!

LE CHŒUR.

Passerez-vous comme un songe léger, ô vénérable dame? Allez-vous si promptement enfourcher derechef cette pauvre bête qui est si triste de vous porter?

DAME PLUCHE.

Dieu merci, chère canaille, je ne mourrai pas ici.

LE CHŒUR.

Mourez au loin, Pluche, ma mie; mourez inconnue dans un caveau malsain. Nous ferons des vœux pour votre respectable résurrection.

DAME PLUCHE.

Voici ma maîtresse qui s'avance.

<small>A Camille, qui entre.</small>

Chère Camille, tout est prêt pour notre départ; le baron a rendu ses comptes, et mon âne est bâté.

CAMILLE.

Allez au diable, vous et votre âne ! je ne partirai pas aujourd'hui.

<small>Elle sort.</small>

LE CHŒUR.

Que veut dire ceci ? Dame Pluche est pâle de terreur, ses faux cheveux tentent de se hérisser, sa poitrine siffle avec force et ses doigts s'allongent en se crispant.

DAME PLUCHE.

Seigneur Jésus ! Camille a juré !

<small>Elle sort.</small>

SCÈNE V

Entrent LE BARON et MAITRE BRIDAINE.

MAITRE BRIDAINE.

Seigneur, il faut que je vous parle en particulier. Votre fils fait la cour à une fille du village.

LE BARON.

C'est absurde, mon ami.

MAITRE BRIDAINE.

Je l'ai vu distinctement passer dans la bruyère en lui donnant le bras ; il se penchait à son oreille et lui promettait de l'épouser.

LE BARON.

Cela est monstrueux.

MAITRE BRIDAINE.

Soyez-en convaincu ; il lui a fait un présent considérable, que la petite a montré à sa mère.

LE BARON.

O Ciel ! considérable, Bridaine ? En quoi considérable ?

MAITRE BRIDAINE.

Pour le poids et pour la conséquence : c'est la chaîne d'or qu'il portait à son bonnet.

LE BARON.

Passons dans mon cabinet ; je ne sais à quoi m'en tenir.

Ils sortent.

SCÈNE VI

La chambre de Camille.

Entrent CAMILLE et DAME PLUCHE.

CAMILLE.

Il a pris ma lettre, dites-vous?

DAME PLUCHE.

Oui, mon enfant; il s'est chargé de la mettre à la poste.

CAMILLE.

Allez au salon, dame Pluche, et faites-moi le plaisir de dire à Perdican que je l'attends ici.

Dame Pluche sort.

Il a lu ma lettre, cela est certain; sa scène du bois est une vengeance, comme son amour pour Rosette. Il a voulu me prouver qu'il en aimait une autre que moi et jouer l'indifférent malgré son dépit. Est-ce qu'il m'aimerait, par hasard?

Elle lève la tapisserie.

Es-tu là, Rosette?

ROSETTE, entrant.

Oui, puis-je entrer?

CAMILLE.

Écoute-moi, mon enfant; le seigneur Perdican ne te fait-il pas la cour?

ROSETTE.
Hélas! oui.

CAMILLE.
Que penses-tu de ce qu'il t'a dit ce matin?

ROSETTE.
Ce matin? Où donc?

CAMILLE.
Ne fais pas l'hypocrite. — Ce matin, à la fontaine, dans le petit bois.

ROSETTE.
Vous m'avez donc vue?

CAMILLE.
Pauvre innocente! Non, je ne t'ai pas vue. Il t'a fait de beaux discours, n'est-ce pas? Gageons qu'il t'a promis de t'épouser.

ROSETTE.
Comment le savez-vous?

CAMILLE.
Qu'importe comment je le sais? Crois-tu à ses promesses, Rosette?

ROSETTE.
Comment n'y croirais-je pas? Il me tromperait donc? Pourquoi faire?

CAMILLE.
Perdican ne t'épousera pas, mon enfant.

ROSETTE.
Hélas! je n'en sais rien.

CAMILLE.
Tu l'aimes, pauvre fille; il ne t'épousera pas,

et la preuve, je vais te la donner : rentre derrière ce rideau, tu n'auras qu'à prêter l'oreille et à venir quand je t'appellerai.

Rosette sort.

CAMILLE, seule.

Moi qui croyais faire un acte de vengeance, ferais-je un acte d'humanité ? La pauvre fille a le cœur pris.

Entre Perdican.

Bonjour, cousin, asseyez-vous.

PERDICAN.

Quelle toilette, Camille ! A qui en voulez-vous ?

CAMILLE.

A vous peut-être ; je suis fâchée de n'avoir pu me rendre au rendez-vous que vous m'avez demandé ; vous aviez quelque chose à me dire ?

PERDICAN, à part.

Voilà, sur ma vie, un petit mensonge assez gros pour un agneau sans tache : je l'ai vue derrière un arbre écouter la conversation.

Haut.

Je n'ai rien à vous dire qu'un adieu, Camille ; je croyais que vous partiez ; cependant votre cheval est à l'écurie, et vous n'avez pas l'air d'être en robe de voyage.

CAMILLE.

J'aime la discussion ; je ne suis pas bien sûre de ne pas avoir eu envie de me quereller encore avec vous.

PERDICAN.

A quoi sert de se quereller quand le raccommodement est impossible? Le plaisir des disputes, c'est de faire la paix.

CAMILLE.

Êtes-vous convaincu que je ne veuille pas la faire?

PERDICAN.

Ne raillez pas; je ne suis pas de force à vous répondre.

CAMILLE.

Je voudrais qu'on me fît la cour; je ne sais si c'est que j'ai une robe neuve, mais j'ai envie de m'amuser. Vous m'avez proposé d'aller au village, allons-y, je veux bien; mettons-nous en bateau; j'ai envie d'aller dîner sur l'herbe, ou de faire une promenade dans la forêt. Fera-t-il clair de lune, ce soir? Cela est singulier, vous n'avez plus au doigt la bague que je vous ai donnée?

PERDICAN.

Je l'ai perdue.

CAMILLE.

C'est donc pour cela que je l'ai trouvée; tenez, Perdican, la voilà.

PERDICAN.

Est-ce possible? Où l'avez-vous trouvée?

CAMILLE.

Vous regardez si mes mains sont mouillées,

n'est-ce pas? En vérité, j'ai gâté ma robe de couvent pour retirer ce petit hochet d'enfant de la fontaine. Voilà pourquoi j'en ai mis une autre, et, je vous dis, cela m'a changée; mettez donc cela à votre doigt.

PERDICAN.

Tu as retiré cette bague de l'eau, Camille, au risque de te précipiter? Est-ce un songe? La voilà; c'est toi qui me la mets au doigt! Ah! Camille, pourquoi me le rends-tu, ce triste gage d'un bonheur qui n'est plus? Parle, coquette et imprudente fille, pourquoi pars-tu? pourquoi restes-tu? Pourquoi, d'une heure à l'autre, changes-tu d'apparence et de couleur, comme la pierre de cette bague à chaque rayon du soleil?

CAMILLE.

Connaissez-vous le cœur des femmes, Perdican? Êtes-vous sûr de leur inconstance, et savez-vous si elles changent réellement de pensée en changeant quelquefois de langage? Il y en a qui disent que non. Sans doute, il nous faut souvent jouer un rôle, souvent mentir; vous voyez que je suis franche; mais êtes-vous sûr que tout mente dans une femme lorsque sa langue ment? Avez-vous bien réfléchi à la nature de cet être faible et violent, à la rigueur avec laquelle on le juge, aux principes qu'on lui impose? Et qui sait si, forcée à tromper par le monde, la tête de ce petit être sans cervelle ne peut pas y prendre plaisir, et mentir quelquefois par passe-temps, par folie, comme elle ment par nécessité?

PERDICAN.

Je n'entends rien à tout cela, et je ne mens jamais. Je t'aime, Camille, voilà tout ce que je sais.

CAMILLE.

Vous dites que vous m'aimez, et vous ne mentez jamais!

PERDICAN.

Jamais.

CAMILLE.

En voilà une qui dit pourtant que cela vous arrive quelquefois.

Elle lève la tapisserie; Rosette paraît dans le fond, évanouie sur une chaise.

Que répondrez-vous à cette enfant, Perdican, lorsqu'elle vous demandera compte de vos paroles? Si vous ne mentez jamais, d'où vient donc qu'elle s'est évanouie en vous entendant dire que vous m'aimez? Je vous laisse avec elle; tâchez de la faire revenir.

Elle veut sortir.

PERDICAN.

Un instant, Camille, écoutez-moi.

CAMILLE.

Que voulez-vous me dire? C'est à Rosette qu'il faut parler. Je ne vous aime pas, moi; je n'ai pas été chercher par dépit cette malheureuse enfant au fond de sa chaumière, pour en faire un appât, un jouet; je n'ai pas répété imprudemment devant elle des paroles brûlantes adressées à une autre; je n'ai pas feint de jeter au vent pour elle le souvenir d'une amitié chérie; je ne lui ai pas mis ma chaîne au cou; je ne lui ai pas dit que je l'épouserais.

PERDICAN.

Écoutez-moi, écoutez-moi!

CAMILLE.

N'as-tu pas souri tout à l'heure quand je t'ai dit que je n'avais pu aller à la fontaine? Eh bien! oui, j'y étais, et j'ai tout entendu; mais, Dieu m'en est témoin, je ne voudrais pas y avoir parlé comme toi. Que feras-tu de cette fille-là, maintenant, quand elle viendra, avec tes baisers ardents sur les lèvres, te montrer en pleurant la blessure que tu lui as faite? Tu as voulu te venger de moi, n'est-ce pas? et me punir d'une lettre écrite à mon couvent; tu as voulu me lancer à tout prix quelque trait qui pût m'atteindre, et tu comptais pour rien que ta flèche empoisonnée traversât cette enfant, pourvu qu'elle me frappât derrière elle! Je m'étais vantée de t'avoir inspiré quelque amour, de te laisser quelque regret : cela t'a blessé dans ton noble orgueil? Eh bien! apprends-le de moi, tu m'aimes, entends-tu; mais tu épouseras cette fille, ou tu n'es qu'un lâche!

PERDICAN.

Oui, je l'épouserai.

CAMILLE.

Et tu feras bien.

PERDICAN.

Très bien, et beaucoup mieux qu'en t'épousant toi-même. Qu'y a-t-il, Camille, qui t'échauffe si fort? Cette enfant s'est évanouie; nous la ferons bien revenir, il ne faut pour cela qu'un flacon de vinaigre; tu as voulu me prouver que j'avais menti une fois dans ma vie : cela est possible, mais je te trouve hardie de décider à quel instant. Viens, aide-moi à secourir Rosette.

Ils sortent.

SCÈNE VII

LE BARON et CAMILLE.

LE BARON.

Si cela se fait, je deviendrai fou.

CAMILLE.

Employez votre autorité.

LE BARON.

Je deviendrai fou, et je refuserai mon consentement, voilà qui est certain.

CAMILLE.

Vous devriez lui parler et lui faire entendre raison.

LE BARON.

Cela me jettera dans le désespoir pour tout le carnaval, et je ne paraîtrai pas une fois à la cour. C'est un mariage disproportionné. Jamais on n'a entendu parler d'épouser la sœur de lait de sa cousine ; cela passe toute espèce de bornes.

CAMILLE.

Faites-le appeler, et dites-lui nettement que ce mariage vous déplaît. Croyez-moi, c'est une folie, et il ne résistera pas.

LE BARON.

Je serai vêtu de noir cet hiver, tenez-le pour assuré.

CAMILLE.

Mais parlez-lui, au nom du Ciel! C'est un coup de tête qu'il a fait ; peut-être n'est-il déjà plus temps : s'il en a parlé, il le fera.

LE BARON.

Je vais m'enfermer pour m'abandonner à ma douleur. Dites-lui, s'il me demande, que je suis enfermé, et que je m'abandonne à ma douleur de le voir épouser une fille sans nom.

Il sort.

CAMILLE.

Ne trouverai-je pas ici un homme de cœur? En vérité, quand on en cherche, on est effrayé de sa solitude.

Entre Perdican.

Eh bien! cousin, à quand le mariage?

PERDICAN.

Le plus tôt possible ; j'ai déjà parlé au notaire, au curé et à tous les paysans.

CAMILLE.

Vous comptez donc réellement que vous épouserez Rosette ?

PERDICAN.

Assurément.

CAMILLE.

Qu'en dira votre père ?

PERDICAN.

Tout ce qu'il voudra ; il me plaît d'épouser cette fille, c'est une idée que je vous dois, et je m'y tiens. Faut-il vous répéter les lieux communs les plus rebattus sur sa naissance et sur la mienne ? Elle est jeune et jolie, et elle m'aime : c'est plus qu'il n'en faut pour être trois fois heureux. Qu'elle ait de l'esprit ou qu'elle n'en ait pas, j'aurais pu trouver pire. On criera, on raillera : je m'en lave les mains.

CAMILLE.

Il n'y a rien là de risible : vous faites très bien de l'épouser. Mais je suis fâchée pour vous d'une chose : c'est qu'on dira que vous l'avez fait par dépit.

PERDICAN.

Vous êtes fâchée de cela ? Oh ! que non.

CAMILLE.

Si, j'en suis vraiment fâchée pour vous. Cela

fait du tort à un jeune homme, de ne pouvoir résister à un moment de dépit.

PERDICAN.

Soyez-en donc fâchée; quant à moi, cela m'est bien égal.

CAMILLE.

Mais vous n'y pensez pas; c'est une fille de rien.

PERDICAN.

Elle sera donc de quelque chose lorsqu'elle sera ma femme.

CAMILLE.

Elle vous ennuiera avant que le notaire ait mis son habit neuf et ses souliers pour venir ici; le cœur vous lèvera au repas de noces, et le soir de la fête vous lui ferez couper les mains et les pieds, comme dans tous les contes arabes, parce qu'elle sentira le ragoût.

PERDICAN.

Vous verrez que non. Vous ne me connaissez pas; quand une femme est douce et sensible, fraîche, bonne et belle, je suis capable de me contenter de cela, oui, en vérité, jusqu'à ne pas me soucier de savoir si elle parle latin.

CAMILLE.

Il est à regretter qu'on ait dépensé tant d'argent pour vous l'apprendre : c'est trois mille écus de perdus.

PERDICAN.

Oui; on aurait mieux fait de les donner aux pauvres.

CAMILLE.

Ce sera vous qui vous en chargerez, du moins pour les pauvres d'esprit.

PERDICAN.

Et ils me donneront en échange le royaume des cieux, car il est à eux.

CAMILLE.

Combien de temps durera cette plaisanterie?

PERDICAN.

Quelle plaisanterie?

CAMILLE.

Votre mariage avec Rosette.

PERDICAN.

Bien peu de temps; Dieu n'a pas fait de l'homme une œuvre de durée : trente ou quarante ans, tout au plus.

CAMILLE.

Je suis curieuse de danser à vos noces!

PERDICAN.

Écoutez-moi, Camille, voilà un ton de persiflage qui est hors de propos.

CAMILLE.

Il me plaît trop pour que je le quitte.

PERDICAN.

Je vous quitte donc vous-même, car j'en ai tout à l'heure assez.

####### CAMILLE.
Allez-vous chez votre épousée?
####### PERDICAN.
Oui, j'y vais de ce pas.
####### CAMILLE.
Donnez-moi donc le bras; j'y vais aussi.

Entre Rosette.

####### PERDICAN.
Te voilà, mon enfant! Viens, je veux te présenter à mon père.

####### ROSETTE, se mettant à genoux.
Monseigneur, je viens vous demander une grâce. Tous les gens du village à qui j'ai parlé ce matin m'ont dit que vous aimiez votre cousine, et que vous ne m'aviez fait la cour que pour vous divertir tous deux; on se moque de moi quand je passe, et je ne pourrai plus trouver de mari dans le pays, après avoir servi de risée à tout le monde. Permettez-moi de vous rendre le collier que vous m'avez donné, et de vivre en paix chez ma mère.

####### CAMILLE.
Tu es une bonne fille, Rosette; garde ce collier, c'est moi qui te le donne, et mon cousin prendra le mien à la place. Quant à un mari, ne sois pas embarrassée, je me charge de t'en trouver un.

####### PERDICAN.
Cela n'est pas difficile, en effet. Allons, Rosette, viens, que je te mène à mon père.

ACTE III, SCÈNE VII

CAMILLE.

Pourquoi? Cela est inutile.

PERDICAN.

Oui, vous avez raison, mon père nous recevrait mal; il faut laisser passer le premier moment de surprise qu'il a éprouvée. Viens avec moi, nous retournerons sur la place. Je trouve plaisant qu'on dise que je ne t'aime pas quand je t'épouse. Pardieu! nous les ferons bien taire.

Il sort avec Rosette.

CAMILLE.

Que se passe-t-il donc en moi? Il l'emmène d'un air bien tranquille. Cela est singulier : il me semble que la tête me tourne. Est-ce qu'il l'épouserait tout de bon? Holà! dame Pluche, dame Pluche! N'y a-t-il donc personne ici?

Entre un valet.

Courez après le seigneur Perdican; dites-lui vite qu'il remonte ici, j'ai à lui parler.

Le valet sort.

Mais qu'est-ce donc que tout cela? Je n'en puis plus, mes pieds refusent de me soutenir.

Rentre Perdican.

PERDICAN.

Vous m'avez demandé, Camille?

CAMILLE.

Non, — non.

PERDICAN.

En vérité, vous voilà pâle; qu'avez-vous à me

dire ? Vous m'avez fait rappeler pour me parler ?

CAMILLE.

Non, non ! — O Seigneur Dieu !

Elle sort.

SCÈNE VIII

Un oratoire.

Entre CAMILLE, elle se jette au pied de l'autel.

M'avez-vous abandonnée, ô mon Dieu ? Vous le savez, lorsque je suis venue, j'avais juré de vous être fidèle ; quand j'ai refusé de devenir l'épouse d'un autre que vous, j'ai cru parler sincèrement devant vous et ma conscience ; vous le savez, mon Père ; ne voulez-vous donc plus de moi ? Oh ! pourquoi faites-vous mentir la vérité elle-même ? Pourquoi suis-je si faible ? Ah ! malheureuse, je ne puis plus prier !

Entre Perdican.

PERDICAN.

Orgueil ! le plus fatal des conseillers humains, qu'es-tu venu faire entre cette fille et moi ? La voilà pâle et effrayée, qui presse sur les dalles insensibles son cœur et son visage. Elle aurait pu m'aimer, et nous étions nés l'un pour l'autre ; qu'es-tu venu faire sur nos lèvres, orgueil, lorsque nos mains allaient se joindre ?

CAMILLE.

Qui m'a suivie? Qui parle sous cette voûte? Est-ce toi, Perdican?

PERDICAN.

Insensés que nous sommes! nous nous aimons. Quel songe avons-nous fait, Camille? Quelles vaines paroles, quelles misérables folies ont passé comme un vent funeste entre nous deux? Lequel de nous a voulu tromper l'autre? Hélas! cette vie est elle-même un si pénible rêve! pourquoi encore y mêler les nôtres? O mon Dieu! le bonheur est une perle si rare dans cet océan d'ici-bas! Tu nous l'avais donné, pêcheur céleste, tu l'avais tiré des profondeurs de l'abîme, cet inestimable joyau; et nous, comme des enfants gâtés que nous sommes, nous en avons fait un jouet. Le vert sentier qui nous amenait l'un vers l'autre avait une pente si douce, il était entouré de buissons si fleuris, il se perdait dans un si tranquille horizon! Il a bien fallu que la vanité, le bavardage et la colère vinssent jeter leurs rochers informes sur cette route céleste, qui nous aurait conduits à toi dans un baiser! Il a bien fallu que nous nous fissions du mal, car nous sommes des hommes! O insensés! nous nous aimons.

Il la prend dans ses bras.

CAMILLE.

Oui, nous nous aimons, Perdican; laisse-moi le sentir sur ton cœur. Ce Dieu qui nous regarde ne s'en offensera pas; il veut bien que je t'aime; il y a quinze ans qu'il le sait.

PERDICAN.

Chère créature, tu es à moi!

<small>Il l'embrasse; on entend un grand cri derrière l'autel.</small>

CAMILLE.

C'est la voix de ma sœur de lait.

PERDICAN.

Comment est-elle ici? Je l'avais laissée dans l'escalier, lorsque tu m'as fait rappeler. Il faut donc qu'elle m'ait suivi sans que je m'en sois aperçu.

CAMILLE.

Entrons dans cette galerie; c'est là qu'on a crié.

PERDICAN.

Je ne sais ce que j'éprouve; il me semble que mes mains sont couvertes de sang.

CAMILLE.

La pauvre enfant nous a sans doute épiés; elle s'est encore évanouie; viens, portons-lui secours. Hélas! tout cela est cruel.

PERDICAN.

Non, en vérité, je n'entrerai pas; je sens un froid mortel qui me paralyse. Vas-y, Camille, et tâche de la ramener.

<small>Camille sort.</small>

Je vous en supplie, mon Dieu! ne faites pas de moi un meurtrier! Vous voyez ce qui se passe;

nous sommes deux enfants insensés, et nous avons joué avec la vie et la mort; mais notre cœur est pur; ne tuez pas Rosette, Dieu juste ! Je lui trouverai un mari, je réparerai ma faute; elle est jeune, elle sera heureuse; ne faites pas cela, ô Dieu! vous pouvez bénir encore quatre de vos enfants. Eh bien! Camille, qu'y a-t-il ?

Camille rentre.

CAMILLE.

Elle est morte. Adieu, Perdican !

LORENZACCIO

DRAME EN CINQ ACTES

(1834)

PERSONNAGES

ALEXANDRE DE MÉDICIS, duc de Florence.
LORENZO DE MÉDICIS (Lorenzaccio), } ses cousins.
COME DE MÉDICIS,
LE CARDINAL CIBO.
LE MARQUIS DE CIBO, son frère.
SIRE MAURICE, chancelier des Huit.
LE CARDINAL BACCIO VALORI, commissaire apostolique.
JULIEN SALVIATI.
PHILIPPE STROZZI.
PIERRE STROZZI,
THOMAS STROZZI, } ses fils.
LÉON STROZZI, prieur de Capoue,
ROBERTO CORSINI, provéditeur de la forteresse.
PALLA RUCCELLAI,
ALAMANNO SALVIATI, } seigneurs républicains.
FRANÇOIS PAZZI,
BINDO ALTOVITI, oncle de Lorenzo.
VENTURI, bourgeois.
TEBALDEO, peintre.
SCORONCONCOLO, spadassin.
Les Huit.

GIOMO LE HONGROIS, écuyer du duc.
MAFFIO, bourgeois.
MARIE SODERINI, mère de Lorenzo.
CATHERINE GINORI, sa tante.
LA MARQUISE DE CIBO.
LOUISE STROZZI.
Deux Dames de la cour et un Officier allemand.
Un Orfèvre, un Marchand, deux Précepteurs et deux Enfants, Pages, Soldats, Moines, Courtisans, Bannis, Écoliers, Domestiques, Bourgeois, etc., etc.

La scène est à Florence.

LORENZACCIO
(Acte II, Scène III)

LORENZACCIO

ACTE PREMIER

SCÈNE PREMIÈRE

Un jardin. — Clair de lune. — Un pavillon dans le fond, un autre sur le devant.

Entrent LE DUC et LORENZO, couverts de leurs manteaux; GIOMO, une lanterne à la main.

LE DUC.

Qu'elle se fasse attendre encore un quart d'heure, et je m'en vais. Il fait un froid de tous les diables.

LORENZO.

Patience, Altesse, patience.

LE DUC.

Elle devait sortir de chez sa mère à minuit; il est minuit, et elle ne vient pourtant pas.

LORENZO.

Si elle ne vient pas, dites que je suis un sot, et que la vieille mère est une honnête femme.

LE DUC.

Entrailles du pape! avec tout cela je suis volé d'un millier de ducats.

LORENZO.

Nous n'avons avancé que moitié. Je réponds de la petite. Deux grands yeux languissants, cela ne trompe pas. Quoi de plus curieux pour le connaisseur que la débauche à la mamelle? Voir dans une enfant de quinze ans la rouée à venir; étudier, ensemencer, infiltrer paternellement le filon mystérieux du vice dans un conseil d'ami, dans une caresse au menton; tout dire et ne rien dire, selon le caractère des parents; — habituer doucement l'imagination qui se développe à donner des corps à ses fantômes, à toucher ce qui l'effraye, à mépriser ce qui la protège! Cela va plus vite qu'on ne pense; le vrai mérite est de frapper juste. Et quel trésor que celle-ci! tout ce qui peut faire passer une nuit délicieuse à Votre Altesse! Tant de pudeur! Une jeune chatte qui veut bien des confitures, mais qui ne veut pas se salir la patte. Proprette comme une Flamande! La médiocrité bourgeoise en personne. D'ailleurs, fille de bonnes gens, à qui leur peu de fortune n'a pas permis une éducation solide; point de fond dans les principes, rien qu'un léger vernis; mais quel flot violent d'un fleuve magnifique sous cette couche de glace fragile qui craque à chaque pas! Jamais arbuste en fleur n'a produit de fruits plus rares, jamais je n'ai humé dans une atmosphère enfantine plus exquise odeur de courtisanerie.

LE DUC.

Sacrebleu! je ne vois pas le signal. Il faut pourtant que j'aille au bal chez Nasi : c'est aujourd'hui qu'il marie sa fille.

GIOMO.

Allons au pavillon, Monseigneur; puisqu'il ne s'agit que d'emporter une fille qui est à moitié payée, nous pouvons bien taper aux carreaux.

LE DUC.

Viens par ici; le Hongrois a raison.

Ils s'éloignent. — Entre Maffio.

MAFFIO.

Il me semblait dans mon rêve voir ma sœur traverser notre jardin, tenant une lanterne sourde, et couverte de pierreries. Je me suis éveillé en sursaut. Dieu sait que ce n'est qu'une illusion, mais une illusion trop forte pour que le sommeil ne s'enfuie pas devant elle. Grâce au Ciel, les fenêtres du pavillon où couche la petite sont fermées comme de coutume; j'aperçois faiblement la lumière de sa lampe entre les feuilles de notre vieux figuier. Maintenant mes folles terreurs se dissipent; les battements précipités de mon cœur font place à une douce tranquillité.

Insensé! mes yeux se remplissent de larmes, comme si ma pauvre sœur avait couru un véritable danger. — Qu'entends-je? Qui remue là entre les branches?

La sœur de Maffio passe dans l'éloignement.

Suis-je éveillé? C'est le fantôme de ma sœur. Il tient une lanterne sourde, et un collier brillant étincelle sur sa poitrine aux rayons de la lune. Gabrielle! Gabrielle! où vas-tu?

Rentrent Giomo et le duc.

GIOMO.

Ce sera le bonhomme de frère pris de somnambulisme. — Lorenzo conduira votre belle au palais par la petite porte; et quant à nous, qu'avons-nous à craindre?

MAFFIO.

Qui êtes-vous? Holà! arrêtez!
Il tire son épée.

GIOMO.

Honnête rustre, nous sommes tes amis.

MAFFIO.

Où est ma sœur? que cherchez-vous ici?

GIOMO.

Ta sœur est dénichée, brave canaille. Ouvre la grille de ton jardin.

MAFFIO.

Tire ton épée et défends-toi, assassin que tu es!

GIOMO saute sur lui et le désarme.

Halte-là! maître sot, pas si vite!

MAFFIO.

O honte! ô excès de misères! S'il y a des lois à Florence, si quelque justice vit encore sur la terre, par ce qu'il y a de vrai et de sacré au monde, je me jetterai aux pieds du duc, et il vous fera pendre tous les deux.

GIOMO.

Aux pieds du duc?

MAFFIO.

Oui, oui, je sais que les gredins de votre espèce égorgent impunément les familles. Mais que je meure, entendez-vous, je ne mourrai pas silencieux comme tant d'autres. Si le duc ne sait pas que sa ville est une forêt pleine de bandits, pleine d'empoisonneurs et de filles déshonorées, en voilà un qui le lui dira. Ah! massacre! ah! fer et sang! j'obtiendrai justice de vous!

GIOMO, l'épée à la main.

Faut-il frapper, Altesse?

LE DUC.

Allons donc! frapper ce pauvre homme! Va te recoucher, mon ami : nous t'enverrons demain quelques ducats.

Il sort.

MAFFIO.

C'est Alexandre de Médicis!

GIOMO.

Lui-même, mon brave rustre. Ne te vante pas de sa visite si tu tiens à tes oreilles.

Il sort.

SCÈNE II

Une rue. — Le point du jour. — Plusieurs masques sortent d'une maison illuminée.

UN MARCHAND DE SOIERIES et **UN ORFÈVRE** ouvrent leurs boutiques.

LE MARCHAND DE SOIERIES.

Hé! hé! père Mondella, voilà bien du vent pour mes étoffes.

Il étale ses pièces de soie.

L'ORFÈVRE, bâillant.

C'est à se casser la tête. Au diable leur noce! Je n'ai pas fermé l'œil de la nuit.

LE MARCHAND.

Ni ma femme non plus, voisin; la chère âme s'est tournée et retournée comme une anguille. Ah! dame! quand on est jeune, on ne s'endort pas au bruit des violons.

L'ORFÈVRE.

Jeune! jeune! cela vous plaît à dire. On n'est pas jeune avec une barbe comme celle-là; et cependant Dieu sait si leur damnée musique me donne envie de danser !

Deux écoliers passent.

PREMIER ÉCOLIER.

Rien n'est plus amusant. On se glisse contre la porte au milieu des soldats, et on les voit descendre avec leurs habits de toutes les couleurs. Tiens! voilà la maison des Nasi.

Il souffle dans ses doigts.

Mon portefeuille me glace les mains.

DEUXIÈME ÉCOLIER.

Et on nous laissera approcher?

PREMIER ÉCOLIER.

En vertu de quoi est-ce qu'on nous en empêcherait? Nous sommes citoyens de Florence. Regarde tout ce monde autour de la porte; en voilà des chevaux, des pages et des livrées! Tout cela va et vient, il n'y a qu'à s'y connaître un peu; je suis capable de nommer toutes les personnes d'importance; on observe bien tous les costumes, et le soir on dit à l'atelier : « J'ai une terrible envie de dormir; j'ai passé la nuit au bal chez le prince Aldobrandini, chez le comte Salviati; le prince était habillé de telle ou telle façon, la princesse de telle autre », et on ne ment pas. Viens, prends ma cape par derrière.

Ils se placent contre la porte de la maison.

L'ORFÈVRE.

Entendez-vous les petits badauds ? Je voudrais qu'un de mes apprentis fît un pareil métier !

LE MARCHAND.

Bon ! bon ! père Mondella, où le plaisir ne coûte rien, la jeunesse n'a rien à perdre. Tous ces grands yeux étonnés de ces petits polissons me réjouissent le cœur. — Voilà comme j'étais, humant l'air et cherchant les nouvelles. Il paraît que la Nasi est une belle gaillarde, et que le Martelli est un heureux garçon. C'est une famille bien florentine celle-là ! Quelle tournure ont tous ces grands seigneurs ! J'avoue que ces fêtes-là me font plaisir, à moi. On est dans son lit bien tranquille, avec un coin de ses rideaux retroussé ; on regarde de temps en temps les lumières qui vont et viennent dans le palais ; on attrape un petit air de danse sans rien payer, et on se dit : « Hé ! hé ! ce sont mes étoffes qui dansent, mes belles étoffes du bon Dieu, sur le cher corps de tous ces braves et loyaux seigneurs. »

L'ORFÈVRE.

Il en danse plus d'une qui n'est pas payée, voisin ; ce sont celles-là qu'on arrose de vin et qu'on frotte sur les murailles avec le moins de regret. Que les grands seigneurs s'amusent, c'est tout simple, — ils sont nés pour cela ; mais il y a des amusements de plusieurs sortes, entendez-vous ?

LE MARCHAND.

Oui, oui, comme la danse, le cheval, le jeu de paume et tant d'autres. Qu'entendez-vous vous-même, père Mondella?

L'ORFÈVRE.

Cela suffit. — Je me comprends. — C'est-à-dire que les murailles de tous ces palais-là n'ont jamais mieux prouvé leur solidité. Il leur fallait moins de force pour défendre les aïeux de l'eau du ciel qu'il ne leur en faut pour soutenir les fils quand ils ont trop pris de leur vin.

LE MARCHAND.

Un verre de vin est de bon conseil, père Mondella. Entrez donc dans ma boutique, que je vous montre une pièce de velours.

L'ORFÈVRE.

Oui, de bon conseil et de bonne mine, voisin ; un bon verre de vin vieux a une bonne mine au bout d'un bras qui a sué pour le gagner; on le soulève gaiement d'un petit coup, et il s'en va donner du courage au cœur de l'honnête homme qui travaille pour sa famille. Mais ce sont des tonneaux sans vergogne que tous ces godelureaux de la cour. A qui fait-on plaisir en s'abrutissant jusqu'à la bête féroce? A personne, pas même à soi, et à Dieu encore moins.

LE MARCHAND.

Le carnaval a été rude, il faut l'avouer, et leur maudit ballon m'a gâté de la marchandise pour une cinquantaine de florins [1]. Dieu merci! les Strozzi l'ont payé.

####### L'ORFÈVRE.

Les Strozzi! Que le Ciel confonde ceux qui ont osé porter la main sur leur neveu! Le plus brave homme de Florence, c'est Philippe Strozzi.

####### LE MARCHAND.

Cela n'empêche pas Pierre Strozzi d'avoir traîné son maudit ballon sur ma boutique, et de m'avoir fait trois grandes taches dans une aune de velours brodé. A propos, père Mondella, nous verrons-nous à Montolivet?

####### L'ORFÈVRE.

Ce n'est pas mon métier de suivre les foires; j'irai cependant à Montolivet par piété. C'est un saint pèlerinage, voisin, et qui remet tous les péchés.

####### LE MARCHAND.

Et qui est tout à fait vénérable, voisin, et qui fait gagner les marchands plus que tous les autres jours de l'année. C'est plaisir de voir ces bonnes dames, sortant de la messe, manier, examiner toutes les étoffes. Que Dieu conserve Son Altesse! La cour est une belle chose.

---

1. C'était l'usage au carnaval de traîner dans les rues un énorme ballon qui renversait les passants et les devantures des boutiques. Pierre Strozzi avait été arrêté pour ce fait. (*Note de l'auteur.*)

L'ORFÈVRE.

La cour! le peuple la porte sur le dos, voyez-vous. Florence était encore (il n'y a pas longtemps de cela) une bonne maison bien bâtie; tous ces grands palais, qui sont les logements de nos grandes familles, en étaient les colonnes. Il n'y avait pas une de toutes ces colonnes qui dépassât les autres d'un pouce; elles soutenaient à elles toutes une vieille voûte bien cimentée, et nous nous promenions là-dessous sans crainte d'une pierre sur la tête. Mais il y a de par le monde deux architectes malavisés qui ont gâté l'affaire : je vous le dis en confidence, c'est le pape et l'empereur Charles. L'empereur a commencé par entrer par une assez bonne brèche dans la susdite maison; après quoi ils ont jugé à propos de prendre une des colonnes dont je vous parle, à savoir celle de la famille des Médicis, et d'en faire un clocher, lequel clocher a poussé comme un champignon de malheur dans l'espace d'une nuit. Et puis, savez-vous, voisin? comme l'édifice branlait au vent, attendu qu'il avait la tête trop lourde et une jambe de moins, on a remplacé le pilier devenu clocher par un gros pâté informe fait de boue et de crachat, et on a appelé cela la citadelle : les Allemands se sont installés dans ce maudit trou comme des rats dans un fromage; et il est bon de savoir que, tout en jouant aux dés et en buvant leur vin aigrelet, ils ont l'œil sur nous autres. Les familles florentines ont beau crier, le peuple et les marchands ont beau dire, les Médicis gouvernent au moyen de leur garnison ; ils nous dévorent comme une excroissance vénéneuse dévore un estomac malade ; c'est en vertu des hallebardes qui se promènent sur la plate-forme qu'un bâtard, qu'une moitié de Médicis, un butor que le Ciel avait fait pour être garçon boucher ou valet de charrue, couche dans le lit de nos filles, boit nos bouteilles, casse nos vitres ; et encore le paye-t-on pour cela.

LE MARCHAND.

Peste ! peste ! comme vous y allez ! vous avez l'air de savoir tout cela par cœur ; il ne ferait pas bon dire cela dans toutes les oreilles, voisin Mondella.

L'ORFÈVRE.

Et quand on me bannirait comme tant d'autres ! On vit à Rome aussi bien qu'ici. Que le diable emporte la noce, ceux qui y dansent et ceux qui la font !

Il rentre. Le marchand se mêle aux curieux. — Passe un bourgeois avec sa femme.

LA FEMME.

Guillaume Martelli est un bel homme et riche. C'est un bonheur pour Nicolo Nasi d'avoir un gendre comme celui-là. Tiens ! le bal dure encore. — Regarde donc toutes ces lumières.

LE BOURGEOIS.

Et nous, notre fille, quand la marierons-nous?

LA FEMME.

Comme tout est illuminé! Danser encore à l'heure qu'il est, c'est là une jolie fête! On dit que le duc y est.

LE BOURGEOIS.

Faire du jour la nuit et de la nuit le jour, c'est un moyen commode de ne pas voir les honnêtes gens. Une belle invention, ma foi, que des hallebardes à la porte d'une noce! Que le bon Dieu protège la ville! Il en sort tous les jours de nouveaux, de ces chiens d'Allemands, de leur damnée forteresse.

LA FEMME.

Regarde donc le joli masque. Ah! la belle robe! Hélas! tout cela coûte très cher, et nous sommes bien pauvres à la maison.

Ils sortent.

UN SOLDAT, au marchand.

Gare! canaille! laisse passer les chevaux.

LE MARCHAND.

Canaille toi-même, Allemand du diable!

Le soldat le frappe de sa pique.

LE MARCHAND, se retirant.

Voilà comme on suit la capitulation! Ces gredins-là maltraitent les citoyens.

Il rentre chez lui.

L'ÉCOLIER, à son camarade.

Vois-tu celui-là qui ôte son masque? C'est Palla Ruccellai. Un fier luron! Ce petit-là, à côté de lui, c'est Thomas Strozzi, Masaccio, comme on dit.

UN PAGE, criant.

Le cheval de Son Altesse!

LE SECOND ÉCOLIER.

Allons-nous-en, voilà le duc qui sort.

LE PREMIER ÉCOLIER.

Crois-tu pas qu'il va te manger?

La foule s'augmente à la porte.

L'ÉCOLIER.

Celui-là, c'est Nicolini; celui-là, c'est le provéditeur.

Le duc sort, vêtu en religieuse, avec Julien Salviati, habillé de même, tous deux masqués.

LE DUC, montant à cheval.

Viens-tu, Julien?

SALVIATI.

Non, Altesse, pas encore.

Il lui parle à l'oreille.

LE DUC.

Bien, bien, ferme!

SALVIATI.

Elle est belle comme un démon. — Laisse-moi faire, si je peux me débarrasser de ma femme...

Il rentre dans le bal.

LE DUC.

Tu es gris, Salviati; le diable m'emporte! tu vas de travers.

Il part avec sa suite.

L'ÉCOLIER.

Maintenant que voilà le duc parti, il n'y en a pas pour longtemps.

Les masques sortent de tous côtés.

LE SECOND ÉCOLIER.

Rose, vert, bleu, j'en ai plein les yeux; la tête me tourne.

UN BOURGEOIS.

Il paraît que le souper a duré longtemps : en voilà deux qui ne peuvent plus se tenir.

Le provéditeur monte à cheval; une bouteille cassée lui tombe sur l'épaule.

LE PROVÉDITEUR.

Eh! ventrebleu! quel est l'assommeur, ici?

UN MASQUE.

Eh! ne le voyez-vous pas, Seigneur Corsini? Tenez! regardez à la fenêtre : c'est Lorenzo avec sa robe de nonne.

LE PROVÉDITEUR.

Lorenzaccio, le diable soit de toi! tu as blessé mon cheval.

La fenêtre se ferme.

Peste soit de l'ivrogne et de ses farces silencieuses! Un gredin qui n'a pas souri trois fois dans sa vie, et qui passe le temps à des espiègleries d'écolier en vacances !

Il sort. — Louise Strozzi sort de la maison, accompagnée de Julien Salviati ; il lui tient l'étrier. Elle monte à cheval ; un écuyer et une gouvernante la suivent.

SALVIATI.

La jolie jambe, chère fille ! Tu es un rayon de soleil, et tu as brûlé la moelle de mes os.

LOUISE.

Seigneur, ce n'est pas là le langage d'un cavalier.

SALVIATI.

Quels yeux tu as, mon cher cœur ! quelle belle épaule à essuyer, tout humide et si fraîche ! Que faut-il te donner pour être ta camériste cette nuit ? Le joli pied à déchausser !

LOUISE.

Lâche mon pied, Salviati.

SALVIATI.

Non, par le corps de Bacchus ! jusqu'à ce que tu m'aies dit quand nous coucherons ensemble.

Louise frappe son cheval et part au galop.

UN MASQUE, à Salviati.

La petite Strozzi s'en va rouge comme la braise. — Vous l'avez fâchée, Salviati.

SALVIATI.

Baste ! colère de jeune fille et pluie du matin...

Il sort.

SCÈNE III

Chez le marquis de Cibo.

LE MARQUIS, en habit de voyage, LA MARQUISE, ASCANIO, LE CARDINAL CIBO, assis.

LE MARQUIS, embrassant son fils.

Je voudrais pouvoir t'emmener, petit, toi et ta grande épée qui te traîne entre les jambes. Prends patience : Massa n'est pas bien loin, et je t'apporterai un bon cadeau.

LA MARQUISE.

Adieu, Laurent; revenez, revenez!

LE CARDINAL.

Marquise, voilà des pleurs qui sont de trop. Ne dirait-on pas que mon frère part pour la Palestine? Il ne court pas grand danger dans ses terres, je crois.

LE MARQUIS.

Mon frère, ne dites pas de mal de ces belles larmes.

Il embrasse sa femme.

LE CARDINAL.

Je voudrais seulement que l'honnêteté n'eût pas cette apparence.

LA MARQUISE.

L'honnêteté n'a-t-elle point de larmes, Monsieur le cardinal? sont-elles toutes au repentir ou à la crainte?

LE MARQUIS.

Non, par le Ciel! car les meilleures sont à l'amour. N'essuyez pas celles-ci sur mon visage, le vent s'en chargera en route : qu'elles se sèchent lentement! Eh bien! ma chère, vous ne me dites rien pour vos favoris? n'emporterai-je pas, comme de coutume, quelque belle harangue sentimentale à faire de votre part aux rochers et aux cascades de mon vieux patrimoine?

LA MARQUISE.

Ah! mes pauvres cascatelles!

LE MARQUIS.

C'est la vérité, ma chère âme, elles sont toutes tristes sans vous.

Plus bas.

Elles ont été joyeuses autrefois, n'est-il pas vrai, Ricciarda?

LA MARQUISE.

Emmenez-moi!

LE MARQUIS.

Je le ferais si j'étais fou, et je le suis presque, avec ma vieille mine de soldat. N'en parlons plus; — ce sera l'affaire d'une semaine. Que ma chère Ricciarda voie ses jardins quand ils sont tranquilles et solitaires; les pieds boueux de mes fermiers ne laisseront pas de trace dans ses allées chéries. C'est à moi de compter mes vieux troncs d'arbres qui me rappellent ton père Albéric, et tous les brins d'herbe de mes bois ; les métayers et leurs bœufs, tout cela me regarde. A la première fleur que je verrai pousser, je mets tout à la porte, et je vous emmène alors.

LA MARQUISE.

La première fleur de notre belle pelouse m'est toujours chère. L'hiver est si long! Il me semble toujours que ces pauvres petites ne reviendront jamais.

ASCANIO.

Quel cheval as-tu, mon père, pour t'en aller?

LE MARQUIS.

Viens avec moi dans la cour, tu le verras.

Il sort. — La marquise reste seule avec le cardinal. — Un silence.

LE CARDINAL.

N'est-ce pas aujourd'hui que vous m'avez demandé d'entendre votre confession, marquise?

LA MARQUISE.

Dispensez-m'en, cardinal. Ce sera pour ce soir, si Votre Éminence est libre, ou demain, comme elle voudra. — Ce moment-ci n'est pas à moi.

Elle se met à la fenêtre et fait un signe d'adieu à son mari.

LE CARDINAL.

Si les regrets étaient permis à un fidèle serviteur de Dieu, j'envierais le sort de mon frère. — Un si court voyage, si simple, si tranquille! une visite à une de ses terres qui n'est qu'à quelques pas d'ici ! — une absence d'une semaine, — et tant de tristesse, une si douce tristesse, veux-je dire, à son départ ! Heureux celui qui sait se faire aimer ainsi après sept années de mariage ! N'est-ce pas sept années, marquise ?

LA MARQUISE.

Oui, cardinal ; mon fils a six ans.

LE CARDINAL.

Étiez-vous hier à la noce des Nasi ?

LA MARQUISE.

Oui, j'y étais.

LE CARDINAL.

Et le duc en religieuse ?

LA MARQUISE.

Pourquoi le duc en religieuse ?

LE CARDINAL.

On m'avait dit qu'il avait pris ce costume, il se peut qu'on m'ait trompé.

LA MARQUISE.

Il l'avait en effet. Ah ! Malaspina, nous sommes dans un triste temps pour toutes les choses saintes !

LE CARDINAL.

On peut respecter les choses saintes, et, dans un jour de folie, prendre le costume de certains couvents, sans aucune intention hostile à la sainte Église catholique.

LA MARQUISE.

L'exemple est à craindre, et non l'intention. Je

ne suis pas comme vous ; cela m'a révoltée. Il est vrai que je ne sais pas bien ce qui se peut et ce qui ne se peut pas, selon vos règles mystérieuses. Dieu sait où elles mènent! Ceux qui mettent les mots sur leur enclume, et qui les tordent avec un marteau et une lime, ne réfléchissent pas toujours que ces mots représentent des pensées, et ces pensées des actions.

LE CARDINAL.

Bon, bon ! le duc est jeune, marquise, et gageons que cet habit coquet des nonnes lui allait à ravir.

LA MARQUISE.

On ne peut mieux ; il n'y manquait que quelques gouttes du sang de son cousin, Hippolyte de Médicis.

LE CARDINAL.

Et le bonnet de la Liberté, n'est-il pas vrai, petite sœur ? Quelle haine pour ce pauvre duc !

LA MARQUISE.

Et vous, son bras droit, cela vous est égal que le duc de Florence soit le préfet de Charles-Quint, le commissaire civil du pape, comme Baccio est son commissaire religieux ? Cela vous est égal, à vous, frère de mon Laurent, que notre soleil, à nous, promène sur la citadelle des ombres allemandes ? que César parle ici dans toutes les bouches ? que la débauche serve d'entremetteuse à l'esclavage, et secoue ses grelots sur les sanglots du peuple? Ah! le clergé sonnerait au besoin toutes ses cloches pour en étouffer le bruit et pour réveiller l'aigle impérial, s'il s'endormait sur nos pauvres toits.

Elle sort.

LE CARDINAL, seul, soulève la tapisserie et appelle à voix basse.

Agnolo!

Entre un page.

Quoi de nouveau aujourd'hui?

AGNOLO.

Cette lettre, Monseigneur.

LE CARDINAL.

Donne-la-moi.

AGNOLO.

Hélas! Éminence, c'est un péché.

LE CARDINAL.

Rien n'est un péché quand on obéit à un prêtre de l'Église romaine.

Agnolo remet la lettre.

Cela est comique d'entendre les fureurs de cette pauvre marquise et de la voir courir à un rendez-vous d'amour avec le cher tyran, toute baignée de larmes républicaines.

Il ouvre la lettre et lit.

Ou vous serez à moi, ou vous aurez fait mon malheur, le vôtre et celui de nos deux maisons.

Le style du duc est laconique, mais il ne manque pas d'énergie. Que la marquise soit convaincue ou non, voilà le difficile à savoir. Deux mois de cour presque assidue, c'est beaucoup pour Alexandre ; ce doit être assez pour Ricciarda Cibo.

<small>Il rend la lettre au page.</small>

Remets cela chez ta maîtresse. Tu es toujours muet, n'est-ce pas ? Compte sur moi.

<small>Il lui donne sa main à baiser et sort.</small>

SCÈNE IV

Une cour du palais du duc.

LE DUC ALEXANDRE <small>sur une terrasse ; des pages exercent des chevaux dans la cour. Entrent</small> VALORI <small>et</small> SIRE MAURICE.

<small>LE DUC, à Valori.</small>

Votre Éminence a-t-elle reçu ce matin des nouvelles de la cour de Rome ?

<small>VALORI.</small>

Paul III envoie mille bénédictions à Votre Altesse et fait les vœux les plus ardents pour sa prospérité.

<small>LE DUC.</small>

Rien que des vœux, Valori ?

<small>VALORI.</small>

Sa Sainteté craint que le duc ne se crée de nouveaux dangers par trop d'indulgence. Le peuple est mal habitué à la domination absolue, et César, à son dernier voyage, en a dit autant, je crois, à Votre Altesse.

LE DUC.

Voilà, pardieu ! un beau cheval, Sire Maurice ! Eh ! quelle croupe de diable !

SIRE MAURICE.

Superbe, Altesse.

LE DUC.

Ainsi, Monsieur le commissaire apostolique, il y a encore quelques mauvaises branches à élaguer. César et le pape ont fait de moi un roi ; mais, par Bacchus ! ils m'ont mis dans la main une espèce de sceptre qui sent la hache d'une lieue. Allons ! voyons, Valori, qu'est-ce que c'est ?

VALORI.

Je suis un prêtre, Altesse ; si les paroles que mon devoir me force à vous rapporter fidèlement doivent être interprétées d'une manière aussi sévère, mon cœur me défend d'y ajouter un mot.

LE DUC.

Oui, oui, je vous connais pour un brave. Vous êtes, pardieu ! le seul prêtre honnête homme que j'aie vu de ma vie.

VALORI.

Monseigneur, l'honnêteté ne se perd ni ne se gagne sous aucun habit ; et parmi les hommes il y a plus de bons que de méchants.

LE DUC.
Ainsi donc, point d'explications?
SIRE MAURICE.
Voulez-vous que je parle, Monseigneur? tout est facile à expliquer.
LE DUC.
Eh bien?
SIRE MAURICE.
Les désordres de la cour irritent le pape.
LE DUC.
Que dis-tu là, toi?
SIRE MAURICE.
J'ai dit les désordres de la cour, Altesse ; les actions du duc n'ont d'autre juge que lui-même. C'est Lorenzo de Médicis que le pape réclame comme transfuge de sa justice.
LE DUC.
De sa justice? Il n'a jamais offensé de pape, à ma connaissance, que Clément VII, feu mon cousin, qui, à cette heure, est en enfer.
SIRE MAURICE.
Clément VII a laissé sortir de ses États le libertin qui, un jour d'ivresse, avait décapité les statues de l'arc de Constantin. Paul III ne saurait pardonner au modèle titré de la débauche florentine.
LE DUC.
Ah! parbleu! Alexandre Farnèse est un plaisant garçon! Si la débauche l'effarouche, que

diable fait-il de son bâtard, le cher Pierre Farnèse, qui traite si joliment l'évêque de Fano? Cette mutilation revient toujours sur l'eau à propos de ce pauvre Renzo. Moi, je trouve cela drôle, d'avoir coupé la tête à tous ces hommes de pierre. Je protège les arts comme un autre, et j'ai chez moi les premiers artistes de l'Italie, mais je n'entends rien au respect du pape pour ces statues qu'il excommunierait demain, si elles étaient en chair et en os.

SIRE MAURICE.

Lorenzo est un athée; il se moque de tout. Si le gouvernement de Votre Altesse n'est pas entouré d'un profond respect, il ne saurait être solide. Le peuple appelle Lorenzo Lorenzaccio : on sait qu'il dirige vos plaisirs, et cela suffit.

LE DUC.

Paix! tu oublies que Lorenzo de Médicis est cousin d'Alexandre.

Entre le cardinal Cibo.

Cardinal, écoutez un peu ces messieurs, qui disent que le pape est scandalisé des désordres de ce pauvre Renzo, et qui prétendent que cela fait tort à mon gouvernement.

LE CARDINAL.

Messire Francesco Nolza vient de débiter à l'Académie romaine une harangue en latin contre le mutilateur de l'arc de Constantin.

LE DUC.

Allons donc, vous me mettriez en colère ! Renzo, un homme à craindre ! le plus fieffé poltron ! une femmelette, l'ombre d'un ruffian énervé ! un rêveur qui marche jour et nuit sans épée, de peur d'en apercevoir l'ombre à son côté ! D'ailleurs un philosophe, un gratteur de papier, un méchant poète qui ne sait seulement pas faire un sonnet ! Non, non, je n'ai pas encore peur des ombres. Eh ! corps de Bacchus ! que me font les discours latins et les quolibets de ma canaille ! J'aime Lorenzo, moi, et, par la mort de Dieu ! il restera ici.

LE CARDINAL.

Si je craignais cet homme, ce ne serait pas pour votre cour, ni pour Florence, mais pour vous, duc.

LE DUC.

Plaisantez-vous, cardinal, et voulez-vous que je vous dise la vérité ?

Il lui parle bas.

Tout ce que je sais de ces damnés bannis, de tous ces républicains entêtés qui complotent autour de moi, c'est par Lorenzo que je le sais. Il est glissant comme une anguille ; il se fourre partout et me dit tout. N'a-t-il pas trouvé moyen d'établir une correspondance avec tous ces Strozzi de l'enfer ? Oui, certes, c'est mon entremetteur ;

mais croyez que son entremise, si elle nuit à quelqu'un, ne me nuira pas. Tenez!

Lorenzo paraît au fond d'une galerie basse.

Regardez-moi ce petit corps maigre, ce lendemain d'orgie ambulant. Regardez-moi ces yeux plombés, ces mains fluettes et maladives, à peine assez fermes pour soutenir un éventail; ce visage morne, qui sourit quelquefois, mais qui n'a pas la force de rire. C'est là un homme à craindre? Allons, allons! vous vous moquez de lui. Hé! Renzo, viens donc ici; voilà sire Maurice qui te cherche dispute.

LORENZO, montant l'escalier de la terrasse.

Bonjour, Messieurs les amis de mon cousin!

LE DUC.

Lorenzo, écoute ici. Voilà une heure que nous parlons de toi. Sais-tu la nouvelle? Mon ami, on t'excommunie en latin, et sire Maurice t'appelle un homme dangereux, le cardinal aussi; quant au bon Valori, il est trop honnête pour prononcer ton nom.

LORENZO.

Pour qui dangereux, Éminence? pour les filles de joie ou pour les saints du paradis?

LE CARDINAL.

Les chiens de cour peuvent être pris de la rage comme les autres chiens.

LORENZO.

Une insulte de prêtre doit se faire en latin.

SIRE MAURICE.

Il s'en fait en toscan auxquelles on peut répondre.

LORENZO.

Sire Maurice, je ne vous voyais pas; excusez-moi, j'avais le soleil dans les yeux; mais vous avez un bon visage, et votre habit me paraît tout neuf.

SIRE MAURICE.

Comme votre esprit; je l'ai fait faire d'un vieux pourpoint de mon grand-père.

LORENZO.

Cousin, quand vous aurez assez de quelque conquête des faubourgs, envoyez-la donc chez sire Maurice. Il est malsain de vivre sans femme, pour un homme qui a, comme lui, le cou court et les mains velues.

SIRE MAURICE.

Celui qui se croit le droit de plaisanter doit savoir se défendre. A votre place, je prendrais une épée.

LORENZO.

·Si on vous a dit que j'étais un soldat, c'est une erreur : je suis un pauvre amant de la science.

SIRE MAURICE.

Votre esprit est une épée acérée, mais flexible. C'est une arme trop vile; chacun fait usage des siennes.

Il tire son épée.

VALORI.

Devant le duc, l'épée nue!

LE DUC, riant.

Laissez faire, laissez faire. Allons, Renzo, je veux te servir de témoin; qu'on lui donne une épée!

LORENZO.

Monseigneur, que dites-vous là?

LE DUC.

Eh bien! ta gaieté s'évanouit si vite? Tu trembles, cousin? Fi donc! tu fais honte au nom des Médicis. Je ne suis qu'un bâtard, et je le porterais mieux que toi, qui es légitime! Une épée, une épée! un Médicis ne se laisse point provoquer ainsi. Pages, montez ici; toute la cour le verra, et je voudrais que Florence entière y fût.

LORENZO.

Son Altesse se rit de moi.

LE DUC.

J'ai ri tout à l'heure, mais maintenant je rougis de honte. Une épée!

Il prend l'épée d'un page et la présente à Lorenzo.

VALORI.

Monseigneur, c'est pousser trop loin les choses. Une épée tirée en présence de Votre Altesse est un crime punissable dans l'intérieur du palais.

LE DUC.

Qui parle ici, quand je parle?

VALORI.

Votre Altesse ne peut avoir eu d'autre dessein que celui de s'égayer un instant, et sire Maurice lui-même n'a point agi dans une autre pensée.

LE DUC.

Et vous ne voyez point que je plaisante encore ! Qui diable pense ici à une affaire sérieuse ? Regardez Renzo, je vous en prie : ses genoux tremblent ; il serait devenu pâle, s'il pouvait le devenir. Quelle contenance, juste Dieu ! Je crois qu'il va tomber.

 Lorenzo chancelle ; il s'appuie sur la balustrade et glisse à terre tout d'un coup.

LE DUC, riant aux éclats.

Quand je vous le disais ! personne ne le sait mieux que moi : la seule vue d'une épée le fait trouver mal. Allons ! chère Lorenzetta, fais-toi emporter chez ta mère.

Les pages relèvent Lorenzo.

SIRE MAURICE.

Double poltron ! fils de catin !

LE DUC.

Silence ! Sire Maurice ; pesez vos paroles, c'est moi qui vous le dis maintenant ; pas de ces mots-là devant moi.

       Sire Maurice sort.

VALORI.

Pauvre jeune homme !

LE CARDINAL, resté seul avec le duc.

Vous croyez à cela, Monseigneur?

LE DUC.

Je voudrais bien savoir comment je n'y croirais pas.

LE CARDINAL.

Hum! c'est bien fort.

LE DUC.

C'est justement pour cela que j'y crois. Vous figurez-vous qu'un Médicis se déshonore publiquement par partie de plaisir? D'ailleurs ce n'est pas la première fois que cela lui arrive : jamais il n'a pu voir une épée.

LE CARDINAL.

C'est bien fort! c'est bien fort!

Ils sortent.

SCÈNE V

*Devant l'église de Saint-Miniato, à Montolivet.
La foule sort de l'église.*

UNE FEMME, à sa voisine.

Retournez-vous ce soir à Florence?

LA VOISINE.

Je ne reste jamais plus d'une heure ici, et je

n'y viens jamais qu'un seul vendredi[1]; je ne suis pas assez riche pour m'arrêter à la foire; ce n'est pour moi qu'une affaire de dévotion, et que cela suffise pour mon salut, c'est tout ce qu'il me faut.

UNE DAME DE LA COUR, à une autre.

Comme il a bien prêché! c'est le confesseur de ma fille.

Elle s'approche d'une boutique.

Blanc et or, cela fait bien le soir; mais le jour, le moyen d'être propre avec cela?

Le marchand et l'orfèvre devant leurs boutiques avec quelques cavaliers.

L'ORFÈVRE.

La citadelle! voilà ce que le peuple ne souffrira jamais, voir tout d'un coup s'élever sur la ville cette nouvelle tour de Babel, au milieu du plus maudit baragouin; les Allemands ne pousseront jamais à Florence, et, pour les y greffer, il faudra un vigoureux lien.

LE MARCHAND.

Voyez, Mesdames; que Vos Seigneuries acceptent un tabouret sous mon auvent.

UN CAVALIER.

Tu es du vieux sang florentin, père Mondella;

---

[1]. On allait à Montolivet tous les vendredis de certains mois; c'était à Florence ce que Longchamp était autrefois à Paris : les marchands y trouvaient l'occasion d'une foire et y transportaient leurs boutiques. (*Note de l'auteur.*)

la haine de la tyrannie fait encore trembler tes doigts ridés sur tes ciselures précieuses, au fond de ton cabinet de travail.

L'ORFÈVRE.

C'est vrai, Excellence. Si j'étais un grand artiste, j'aimerais les princes, parce qu'eux seuls peuvent faire entreprendre de grands travaux ; les grands artistes n'ont pas de patrie ; moi, je fais des saints ciboires et des poignées d'épée.

UN AUTRE CAVALIER.

A propos d'artiste, ne voyez-vous pas, dans ce petit cabaret, ce grand gaillard qui gesticule devant des badauds? Il frappe son verre sur la table; si je ne me trompe, c'est ce hâbleur de Cellini.

LE PREMIER CAVALIER.

Allons-y donc, et entrons ; avec un verre de vin dans la tête il est curieux à entendre, et probablement quelque bonne histoire est en train.

Ils sortent. — Deux bourgeois s'assoient.

PREMIER BOURGEOIS.

Il y a eu une émeute à Florence ?

DEUXIÈME BOURGEOIS.

Presque rien. — Quelques pauvres jeunes gens ont été tués sur le Vieux-Marché.

PREMIER BOURGEOIS.

Quelle pitié pour les familles !

DEUXIÈME BOURGEOIS.

Voilà des malheurs inévitables. Que voulez-vous que fasse la jeunesse d'un gouvernement comme le nôtre? On vient crier à son de trompe que César est à Bologne, et les badauds répètent : « César est à Bologne », en clignant des yeux d'un air d'importance, sans réfléchir à ce qu'on y fait. Le jour suivant, ils sont plus heureux encore d'apprendre et de répéter : « Le pape est à Bologne avec César. » Que s'ensuit-il? Une réjouissance publique, ils n'en voient pas davantage ; et puis un beau matin ils se réveillent tout endormis des fumées du vin impérial, et ils voient une figure sinistre à la grande fenêtre du palais des Pazzi. Ils demandent quel est ce personnage, on leur répond que c'est le roi. Le pape et l'empereur sont accouchés d'un bâtard qui a droit de vie et de mort sur nos enfants, et qui ne pourrait pas nommer sa mère.

L'ORFÈVRE, s'approchant.

Vous parlez en patriote, ami ; je vous conseille de prendre garde à ce flandrin.

Passe un officier allemand.

L'OFFICIER.

Otez-vous de là, Messieurs : des dames veulent s'asseoir.

Deux dames de la cour entrent et s'assoient.

PREMIÈRE DAME.
Cela est de Venise?
LE MARCHAND.
Oui, magnifique Seigneurie; vous en lèverai-je quelques aunes?
PREMIÈRE DAME.
Si tu veux. J'ai cru voir passer Julien Salviati.
L'OFFICIER.
Il va et vient à la porte de l'église; c'est un galant.
DEUXIÈME DAME.
C'est un insolent! Montrez-moi des bas de soie.
L'OFFICIER.
Il n'y en aura pas d'assez petits pour vous.
PREMIÈRE DAME.
Laissez donc, vous ne savez que dire. Puisque vous voyez Julien, allez lui dire que j'ai à lui parler.
L'OFFICIER.
J'y vais et je le ramène.

Il sort.

PREMIÈRE DAME.
Il est bête à faire plaisir, ton officier; que peux-tu faire de cela?
DEUXIÈME DAME.
Tu sauras qu'il n'y a rien de mieux que cet homme-là.

Elles s'éloignent. — Entre le prieur de Capoue.

DEUXIÈME BOURGEOIS.

Voilà des malheurs inévitables. Que voulez-vous que fasse la jeunesse d'un gouvernement comme le nôtre? On vient crier à son de trompe que César est à Bologne, et les badauds répètent : « César est à Bologne », en clignant des yeux d'un air d'importance, sans réfléchir à ce qu'on y fait. Le jour suivant, ils sont plus heureux encore d'apprendre et de répéter : « Le pape est à Bologne avec César. » Que s'ensuit-il? Une réjouissance publique, ils n'en voient pas davantage; et puis un beau matin ils se réveillent tout endormis des fumées du vin impérial, et ils voient une figure sinistre à la grande fenêtre du palais des Pazzi. Ils demandent quel est ce personnage, on leur répond que c'est le roi. Le pape et l'empereur sont accouchés d'un bâtard qui a droit de vie et de mort sur nos enfants, et qui ne pourrait pas nommer sa mère.

L'ORFÈVRE, s'approchant.

Vous parlez en patriote, ami; je vous conseille de prendre garde à ce flandrin.

Passe un officier allemand.

L'OFFICIER.

Otez-vous de là, Messieurs : des dames veulent s'asseoir.

Deux dames de la cour entrent et s'assoient.

PREMIÈRE DAME.
Cela est de Venise?
LE MARCHAND.
Oui, magnifique Seigneurie; vous en lèverai-je quelques aunes?
PREMIÈRE DAME.
Si tu veux. J'ai cru voir passer Julien Salviati.
L'OFFICIER.
Il va et vient à la porte de l'église; c'est un galant.
DEUXIÈME DAME.
C'est un insolent! Montrez-moi des bas de soie.
L'OFFICIER.
Il n'y en aura pas d'assez petits pour vous.
PREMIÈRE DAME.
Laissez donc, vous ne savez que dire. Puisque vous voyez Julien, allez lui dire que j'ai à lui parler.
L'OFFICIER.
J'y vais et je le ramène.

Il sort.

PREMIÈRE DAME.
Il est bête à faire plaisir, ton officier; que peux-tu faire de cela?
DEUXIÈME DAME.
Tu sauras qu'il n'y a rien de mieux que cet homme-là.

Elles s'éloignent. — Entre le prieur de Capoue.

LE PRIEUR.

Donnez-moi un verre de limonade, brave homme.

Il s'assoit.

UN DES BOURGEOIS.

Voilà le prieur de Capoue; c'est là un patriote!

Les deux bourgeois se rassoient.

LE PRIEUR.

Vous venez de l'église, Messieurs : que dites-vous du sermon?

LE BOURGEOIS.

Il était beau, Seigneur prieur.

DEUXIÈME BOURGEOIS, à l'orfèvre.

Cette noblesse des Strozzi est chère au peuple, parce qu'elle n'est pas fière. N'est-il pas agréable de voir un grand seigneur adresser librement la parole à ses voisins d'une manière affable? Tout cela fait plus qu'on ne pense.

LE PRIEUR.

S'il faut parler franchement, j'ai trouvé le sermon trop beau; j'ai prêché quelquefois, et je n'ai jamais tiré grande gloire du tremblement des vitres; mais une petite larme sur la joue d'un brave homme m'a toujours été d'un grand prix.

Entre Salviati.

SALVIATI.

On m'a dit qu'il y avait ici des femmes qui me demandaient tout à l'heure; mais je ne vois de robe ici que la vôtre, prieur. Est-ce que je me trompe?

LE MARCHAND.

Excellence, on ne vous a pas trompé. Elles se sont éloignées; mais je pense qu'elles vont revenir : voilà dix aunes d'étoffes et quatre paires de bas pour elles.

SALVIATI, s'asseyant.

Voilà une jolie femme qui passe. — Où diable l'ai-je donc vue? — Ah! parbleu! c'est dans mon lit.

LE PRIEUR, au bourgeois.

Je crois avoir vu votre signature sur une lettre adressée au duc.

LE BOURGEOIS.

Je le dis tout haut : c'est la supplique adressée par les bannis.

LE PRIEUR.

En avez-vous dans votre famille?

LE BOURGEOIS.

Deux, Excellence : mon père et mon oncle; il n'y a plus que moi d'homme à la maison.

LE DEUXIÈME BOURGEOIS, à l'orfèvre.

Comme ce Salviati a une méchante langue!

L'ORFÈVRE.

Cela n'est pas étonnant : un homme à moitié ruiné, vivant des générosités de ces Médicis, et marié comme il l'est à une femme déshonorée partout! Il voudrait qu'on dît de toutes les femmes possibles ce qu'on dit de la sienne.

SALVIATI.

N'est-ce pas Louise Strozzi qui passe sur ce tertre?

LE MARCHAND.

Elle-même, Seigneurie. Peu des dames de notre noblesse me sont inconnues. Si je ne me trompe, elle donne la main à sa sœur cadette.

SALVIATI.

J'ai rencontré cette Louise la nuit dernière au bal de Nasi; elle a, ma foi, une jolie jambe, et nous devons coucher ensemble au premier jour.

LE PRIEUR, se retournant.

Comment l'entendez-vous?

SALVIATI.

Cela est clair, elle me l'a dit. Je lui tenais l'étrier, ne pensant guère à malice; je ne sais par quelle distraction je lui pris la jambe, et voilà comme tout est venu.

LE PRIEUR.

Julien, je ne sais pas si tu sais que c'est de ma sœur que tu parles.

SALVIATI.

Je le sais très bien; toutes les femmes sont faites pour coucher avec les hommes, et ta sœur peut bien coucher avec moi.

LE PRIEUR se lève.

Vous dois-je quelque chose, brave homme?

<small>Il jette une pièce de monnaie sur la table et sort.</small>

SALVIATI.

J'aime beaucoup ce brave prieur, à qui un propos sur sa sœur fait oublier le reste de son argent. Ne dirait-on pas que toute la vertu de Florence s'est réfugiée chez ces Strozzi? Le voilà qui se retourne. Écarquille les yeux tant que tu voudras, tu ne me feras pas peur.

<small>Il sort.</small>

SCÈNE VI

Le bord de l'Arno.

MARIE SODERINI, CATHERINE.

CATHERINE.

Le soleil commence à baisser. De larges bandes de pourpre traversent le feuillage, et la grenouille fait sonner sous les roseaux sa petite cloche de cristal. C'est une singulière chose que toutes les harmonies du soir avec le bruit lointain de cette ville.

MARIE.

Il est temps de rentrer; noue ton voile autour de ton cou.

CATHERINE.

Pas encore, à moins que vous n'ayez froid. Regardez, ma mère chérie[1] : que le ciel est beau! Que tout cela est vaste et tranquille! Comme Dieu est partout! Mais vous baissez la tête; vous êtes inquiète depuis ce matin.

MARIE.

Inquiète, non, mais affligée. N'as-tu pas entendu répéter cette fatale histoire de Lorenzo? Le voilà la fable de Florence.

CATHERINE.

O ma mère! la lâcheté n'est point un crime; le courage n'est pas une vertu : pourquoi la faiblesse est-elle blâmable? Répondre des battements de son cœur est un triste privilège; Dieu seul peut le rendre noble et digne d'admiration. Et pourquoi cet enfant n'aurait-il pas le droit que nous avons toutes, nous autres femmes? Une femme qui n'a peur de rien n'est pas aimable, dit-on.

MARIE.

Aimerais-tu un homme qui a peur? Tu rougis, Catherine : Lorenzo est ton neveu, tu ne peux pas l'aimer; mais figure-toi qu'il s'appelle de tout autre nom, qu'en penserais-tu? Quelle femme voudrait s'appuyer sur son bras pour mon-

---

[1]. Catherine Ginori est belle-sœur de Marie; elle lui donne le nom de *mère* parce qu'il y a entre elles une différence d'âge très grande : Catherine n'a guère que vingt-deux ans. (*Note de l'auteur.*)

ter à cheval? Quel homme lui serrerait la main?

CATHERINE.

Cela est triste, et cependant ce n'est pas de cela que je le plains. Son cœur n'est peut-être pas celui d'un Médicis; mais, hélas! c'est encore moins celui d'un honnête homme.

MARIE.

N'en parlons pas, Catherine; il est assez cruel pour une mère de ne pouvoir parler de son fils.

CATHERINE.

Ah! cette Florence! c'est là qu'on l'a perdu! N'ai-je pas vu briller quelquefois dans ses yeux le feu d'une noble ambition? Sa jeunesse n'a-t-elle pas été l'aurore d'un soleil levant? Et souvent encore aujourd'hui il me semble qu'un éclair rapide... — Je me dis malgré moi que tout n'est pas mort en lui.

MARIE.

Ah! tout cela est un abîme! Tant de facilité, un si doux amour de la solitude! Ce ne sera jamais un guerrier que mon Renzo, me disais-je en le voyant rentrer de son collège, tout baigné de sueur, avec ses gros livres sous le bras; mais un saint amour de la vérité brillait sur ses lèvres et dans ses yeux noirs. Il lui fallait s'inquiéter de tout, dire sans cesse : « Celui-là est pauvre, celui-là est ruiné; comment faire? » Et cette admiration pour les grands hommes de son Plutarque!

Catherine, Catherine, que de fois je l'ai baisé au front en pensant au père de la patrie!

CATHERINE.

Ne vous affligez pas.

MARIE.

Je dis que je ne veux pas parler de lui, et j'en parle sans cesse. Il y a de certaines choses, vois-tu, que les mères ne s'en taisent que dans le silence éternel. Que mon fils eût été un débauché vulgaire, que le sang des Soderini eût été pâle dans cette faible goutte tombée de mes veines, je ne me désespérerais pas; mais j'ai espéré, et j'ai eu raison de le faire. Ah! Catherine, il n'est même plus beau : comme une fumée malfaisante, la souillure de son cœur lui est montée au visage. Le sourire, ce doux épanouissement qui rend la jeunesse semblable aux fleurs, s'est enfui de ses joues couleur de soufre, pour y laisser grommeler une ironie ignoble et le mépris de tout.

CATHERINE.

Il est encore beau quelquefois dans sa mélancolie étrange.

MARIE.

Sa naissance ne l'appelait-elle pas au trône? N'aurait-il pas pu y faire monter un jour avec lui la science d'un docteur, la plus belle jeunesse du monde, et couronner d'un diadème d'or tous mes songes chéris? ne devais-je pas m'attendre à cela? Ah! Cattina, pour dormir tranquille il faut n'avoir jamais fait certains rêves. Cela est trop cruel d'avoir vécu dans un palais de fées, où murmuraient les cantiques des anges, de s'y être endormie, bercée par son fils, et de se réveiller dans une masure ensanglantée, pleine de débris d'orgie et de restes humains, dans les bras d'un spectre hideux qui vous tue en vous appelant encore du nom de mère.

CATHERINE.

Des ombres silencieuses commencent à marcher sur la route; rentrons, Marie; tous ces bannis me font peur.

MARIE.

Pauvres gens! Ils ne doivent que faire pitié! Ah! ne puis-je voir un seul objet qu'il ne m'entre une épine dans le cœur? Ne puis-je plus ouvrir les yeux! Hélas! ma Cattina, ceci est encore l'ouvrage de Lorenzo. Tous ces pauvres bourgeois ont eu confiance en lui; il n'en est pas un, parmi tous ces pères de famille chassés de leur patrie, que mon fils n'ait pas trahi. Leurs lettres, signées de leur nom, sont montrées au duc. C'est ainsi qu'il fait tourner à un infâme usage jusqu'à la glorieuse mémoire de ses aïeux. Les républicains s'adressent à lui comme à l'antique rejeton de leur protecteur; sa maison leur est ouverte, les Strozzi eux-mêmes y viennent. Pauvre Philippe! Il y aura une triste fin pour tes cheveux gris! Ah! ne puis-je voir une fille sans pudeur, un malheureux privé de sa famille, sans que tout cela me crie : « Tu es la mère de nos malheurs! » Quand serai-je là?

<small>Elle frappe la terre.</small>

CATHERINE.

Ma pauvre mère, vos larmes se gagnent.

<small>Elles s'éloignent. — Le soleil est couché. — Un groupe de bannis se forme au milieu d'un champ.</small>

UN DES BANNIS.

Où allez-vous?

UN AUTRE.

A Pise; et vous?

LE PREMIER.

A Rome.

UN AUTRE.

Et moi à Venise; en voilà deux qui vont à Ferrare; que deviendrons-nous, ainsi éloignés les uns des autres?

UN QUATRIÈME.

Adieu, voisin; à des temps meilleurs.

<small>Il s'en va.</small>

Adieu; pour nous, nous pouvons aller ensemble jusqu'à la croix de la Vierge.

<small>Il sort avec un autre. — Arrive Maffio.</small>

LE PREMIER BANNI.

C'est toi, Maffio? Par quel hasard es-tu ici?

MAFFIO.

Je suis des vôtres. Vous saurez que le duc a enlevé ma sœur; j'ai tiré l'épée; une espèce de tigre avec des membres de fer s'est jeté à mon cou et m'a désarmé; après quoi j'ai reçu l'ordre de sortir de la ville et une bourse à moitié pleine de ducats.

LE SECOND BANNI.

Et ta sœur, où est-elle?

MAFFIO.

On me l'a montrée ce soir sortant du spectacle dans une robe comme n'en a pas l'impératrice; que Dieu lui pardonne! Une vieille l'accompagnait, qui a laissé trois de ses dents à la sortie. Jamais je n'ai donné de ma vie un coup de poing qui m'ait fait ce plaisir-là.

LE TROISIÈME BANNI.

Qu'ils crèvent tous dans leur fange crapuleuse, et nous mourrons contents.

LE QUATRIÈME.

Philippe Strozzi nous écrira à Venise; quelque jour nous serons tous étonnés de trouver une armée à nos ordres.

LE TROISIÈME.

Que Philippe vive longtemps! Tant qu'il y aura un cheveu sur sa tête, la liberté de l'Italie n'est pas morte.

Une partie du groupe se détache; tous les bannis s'embrassent.

UNE VOIX.

A des temps meilleurs!

UNE AUTRE.

A des temps meilleurs!

<small>Deux bannis montent sur une plate-forme d'où l'on découvre la ville.</small>

LE PREMIER.

Adieu, Florence, peste de l'Italie! Adieu, mère stérile, qui n'as plus de lait pour tes enfants!

LE SECOND.

Adieu, Florence la bâtarde, spectre hideux de l'antique Florence. Adieu, fange sans nom!

TOUS LES BANNIS.

Adieu, Florence! Maudites soient les mamelles de tes femmes! Maudits soient tes sanglots! Maudits les prières de tes églises, le pain de tes blés, l'air de tes rues! Malédiction sur la dernière goutte de ton sang corrompu!

ACTE II

SCÈNE PREMIÈRE

Chez les Strozzi.

PHILIPPE, dans son cabinet.

Dix citoyens bannis dans ce quartier-ci seulement! Le vieux Galeazzo et le petit Maffio bannis, sa sœur corrompue, devenue une fille publique en une nuit! Pauvre petite! Quand l'éducation des basses classes sera-t-elle assez forte pour empêcher les petites filles de rire lorsque leurs parents pleurent? La corruption est-elle donc une loi de nature? Ce qu'on appelle la vertu, est-ce donc l'habit du dimanche qu'on met pour aller à la messe? Le reste de la semaine, on est à la croisée, et, tout en tricotant, on regarde les jeunes gens passer. Pauvre humanité! Quel nom portes-tu donc? Celui de ta race, ou celui de ton baptême? Et nous autres, vieux rêveurs, quelle tache originelle avons-nous lavée sur la face humaine depuis quatre ou cinq mille ans que nous jaunissons avec nos livres? Qu'il t'est facile à toi, dans le silence du cabinet, de tracer d'une main légère une ligne mince et pure comme un cheveu sur ce papier blanc! Qu'il t'est facile de bâtir des palais et des villes avec ce petit compas et un peu d'encre! Mais l'architecte qui a dans son pupitre des milliers de plans admirables ne peut soulever de terre le premier pavé de son édifice, quand il vient se mettre à l'ouvrage avec son dos voûté et ses idées obstinées. Que le bonheur des hommes ne soit qu'un rêve, cela est pourtant dur; que le mal soit irrévocable, éternel, impossible à changer, non! Pourquoi le philosophe qui travaille pour nous regarde-t-il autour de lui? Voilà le tort. Le moindre insecte qui passe devant ses yeux lui cache le soleil; allons-y donc plus hardiment; la République, il nous faut ce mot-là. Et, quand ce ne serait qu'un mot, c'est quelque chose, puisque les peuples se lèvent quand il traverse l'air... Ah! bonjour, Léon.

Entre le prieur de Capoue.

LE PRIEUR.

Je viens de la foire de Montolivet.

PHILIPPE.

Était-ce beau? Te voilà aussi, Pierre. Assieds-toi donc, j'ai à te parler.

Entre Pierre Strozzi.

LE PRIEUR.

C'était très beau, et je me suis assez amusé,

sauf certaine contrariété un peu forte que j'ai quelque peine à digérer.

PIERRE.

Bah! qu'est-ce que c'est donc?

LE PRIEUR.

Figurez-vous que j'étais entré dans une boutique pour prendre un verre de limonade... — Mais non, c'est inutile, je suis un sot de m'en souvenir.

PHILIPPE.

Que diable as-tu sur le cœur? Tu parles comme une âme en peine.

LE PRIEUR.

Ce n'est rien; un méchant propos, rien de plus. Il n'y a aucune importance à attacher à tout cela.

PIERRE.

Un propos? Sur qui? Sur toi?

LE PRIEUR.

Non pas sur moi précisément. Je me soucierais bien d'un propos sur moi!

PIERRE.

Sur qui donc? Allons! parle, si tu veux.

LE PRIEUR.

J'ai tort; on ne se souvient pas de ces choses-là quand on sait la différence d'un honnête homme à un Salviati.

PIERRE.

Salviati? Qu'a dit cette canaille?

LE PRIEUR.

C'est un misérable, tu as raison. Qu'importe ce qu'il peut dire? Un homme sans pudeur, un valet de cour, qui, à ce qu'on raconte, a pour femme la plus grande dévergondée! Allons! voilà qui est fait, je n'y penserai pas davantage.

PIERRE.

Penses-y et parle, Léon; c'est-à-dire que cela me démange de lui couper les oreilles. De qui a-t-il médit? De nous? De mon père? Ah! sang du Christ! je ne l'aime guère, ce Salviati. Il faut que je sache cela, entends-tu?

LE PRIEUR.

Si tu y tiens, je te le dirai. Il s'est exprimé devant moi, dans une boutique, d'une manière vraiment offensante sur le compte de notre sœur.

PIERRE.

O mon Dieu! Dans quels termes? Allons! parle donc.

LE PRIEUR.

Dans les termes les plus grossiers.

PIERRE.

Diable de prêtre que tu es! tu me vois hors de moi d'impatience, et tu cherches tes mots! Dis les choses comme elles sont; parbleu! un mot est un mot; il n'y a pas de bon Dieu qui tienne.

PHILIPPE.

Pierre, Pierre! tu manques à ton frère.

LE PRIEUR.

Il a dit qu'il coucherait avec elle, voilà son mot, et qu'elle le lui avait promis.

PIERRE.

Qu'elle couch..... Ah! mort de mort! de mille morts! Quelle heure est-il?

PHILIPPE.

Où vas-tu? Allons! es-tu fait de salpêtre? Qu'as-tu à faire de cette épée? tu en as une au côté.

PIERRE.

Je n'ai rien à faire; allons dîner; le dîner est servi.

Ils sortent.

SCÈNE II

Le portail d'une église.

Entrent LORENZO et VALORI.

VALORI.

Comment se fait-il que le duc n'y vienne pas? Ah! Monsieur, quelle satisfaction pour un chrétien que ces pompes magnifiques de l'Église romaine! quel homme peut y être insensible? L'artiste ne trouverait-il pas là le paradis de son cœur? le guerrier, le prêtre et le marchand n'y rencontrent-ils pas tout ce qu'ils aiment? Cette admirable harmonie des orgues, ces tentures éclatantes de velours et de tapisseries, ces tableaux des premiers maîtres, les parfums tièdes et suaves que balancent les encensoirs, et les chants délicieux de ces voix argentines, tout cela peut choquer, par son ensemble mondain, le moine sévère et ennemi du plaisir ; mais rien n'est plus beau, selon moi, qu'une religion qui se fait aimer par de pareils moyens. Pourquoi les prêtres voudraient-ils servir un Dieu jaloux? La religion, ce n'est pas un oiseau de proie : c'est une colombe compatissante qui plane doucement sur tous les rêves et sur tous les amours.

LORENZO.

Sans doute; ce que vous dites là est parfaitement vrai et parfaitement faux, comme tout au monde.

TEBALDEO FRECCIA, s'approchant de Valori.

Ah! Monseigneur, qu'il est doux de voir un homme tel que Votre Éminence parler ainsi de la tolérance et de l'enthousiasme sacré! Pardonnez à un citoyen obscur, qui brûle de ce feu divin, de vous remercier de ce peu de paroles que je viens d'entendre. Trouver sur les lèvres d'un honnête homme ce qu'on a soi-même dans le cœur, c'est le plus grand des bonheurs qu'on puisse désirer.

VALORI.

N'êtes-vous pas le petit Freccia?

TEBALDEO.

Mes ouvrages ont peu de mérite; je sais mieux

aimer les arts que je ne sais les exercer. Ma jeunesse tout entière s'est passée dans les églises. Il me semble que je ne puis admirer ailleurs Raphaël et notre divin Buonarotti. Je demeure alors durant des journées devant leurs ouvrages, dans une extase sans égale. Le chant de l'orgue me révèle leur pensée et me fait pénétrer dans leur âme; je regarde les personnages de leurs tableaux si saintement agenouillés, et j'écoute, comme si les cantiques du chœur sortaient de leurs bouches entr'ouvertes; des bouffées d'encens aromatiques passent entre eux et moi dans une vapeur légère; je crois y voir la gloire de l'artiste : c'est aussi une triste et douce fumée, et qui ne serait qu'un parfum stérile si elle ne montait à Dieu.

VALORI.

Vous êtes un vrai cœur d'artiste; venez à mon palais, et ayez quelque chose sous votre manteau quand vous y viendrez. Je veux que vous travailliez pour moi.

TEBALDEO.

C'est trop d'honneur que me fait Votre Éminence. Je suis un desservant bien humble de la sainte religion de la peinture.

LORENZO.

Pourquoi remettre vos offres de service? Vous avez, il me semble, un cadre dans les mains.

TEBALDEO.

Il est vrai; mais je n'ose le montrer à de si

grands connaisseurs. C'est une esquisse bien pauvre d'un rêve magnifique.

LORENZO.

Vous faites le portrait de vos rêves? Je ferai poser pour vous quelques-uns des miens.

TEBALDEO.

Réaliser des rêves, voilà la vie du peintre. Les plus grands ont représenté les leurs dans toute leur force et sans y rien changer. Leur imagination était un arbre plein de sève; les bourgeons s'y métamorphosaient sans peine en fleurs et les fleurs en fruits; bientôt ces fruits mûrissaient à un soleil bienfaisant, et, quand ils étaient mûrs, ils se détachaient d'eux-mêmes et tombaient sur la terre sans perdre un seul grain de leur poussière virginale. Hélas! les rêves des artistes médiocres sont des plantes difficiles à nourrir, et qu'on arrose de larmes bien amères pour les faire bien peu prospérer.

Il montre son tableau.

VALORI.

Sans compliment, cela est beau : non pas du premier mérite, il est vrai : pourquoi flatterais-je un homme qui ne se flatte pas lui-même? Mais votre barbe n'est pas poussée, jeune homme.

LORENZO.

Est-ce un paysage ou un portrait? De quel côté faut-il le regarder, en long ou en large?

TEBALDEO.

Votre Seigneurie se rit de moi. C'est la vue du Campo-Santo.

LORENZO.

Combien y a-t-il d'ici à l'immortalité?

VALORI.

Il est mal à vous de plaisanter cet enfant. Voyez comme ses grands yeux s'attristent à chacune de vos paroles.

TEBALDEO.

L'immortalité, c'est la foi. Ceux à qui Dieu a donné des ailes y arrivent en souriant.

VALORI.

Tu parles comme un élève de Raphaël.

TEBALDEO.

Seigneur, c'était mon maître. Ce que j'ai appris vient de lui.

LORENZO.

Viens chez moi; je te ferai peindre la Mazzafirra toute nue.

TEBALDEO.

Je ne respecte point mon pinceau, mais je respecte mon art : je ne puis faire le portrait d'une courtisane.

LORENZO.

Ton Dieu s'est bien donné la peine de la faire; tu peux bien te donner celle de la peindre. Veux-tu me faire une vue de Florence?

TEBALDEO.

Oui, Monseigneur.

LORENZO.

Comment t'y prendrais-tu ?

TEBALDEO.

Je me placerais à l'orient, sur la rive gauche de l'Arno. C'est de cet endroit que la perspective est la plus large et la plus agréable.

LORENZO.

Tu peindrais Florence, les places, les maisons et les rues ?

TEBALDEO.

Oui, Monseigneur.

LORENZO.

Pourquoi donc ne peux-tu peindre une courtisane, si tu peux peindre un mauvais lieu ?

TEBALDEO.

On ne m'a point encore appris à parler ainsi de ma mère.

LORENZO.

Qu'appelles-tu ta mère ?

TEBALDEO.

Florence, Seigneur.

LORENZO.

Alors tu n'es qu'un bâtard, car ta mère n'est qu'une catin.

TEBALDEO.

Une blessure sanglante peut engendrer la corruption dans le corps le plus sain ; mais des gouttes précieuses du sang de ma mère sort une plante odorante qui guérit tous les maux. L'art, cette fleur divine, a quelquefois besoin du fumier pour engraisser le sol qui la porte.

LORENZO.

Comment entends-tu ceci?

TEBALDEO.

Les nations paisibles et heureuses ont quelquefois brillé d'une clarté pure, mais faible. Il y a plusieurs cordes à la harpe des anges; le zéphyr peut murmurer sur les plus faibles et tirer de leur accord une harmonie suave et délicieuse; mais la corde d'argent ne s'ébranle qu'au passage du vent du nord. C'est la plus belle et la plus noble; et cependant le toucher d'une rude main lui est favorable. L'enthousiasme est frère de la souffrance.

LORENZO.

C'est-à-dire qu'un peuple malheureux fait les grands artistes. Je me ferai volontiers l'alchimiste de ton alambic; les larmes des peuples y retombent en perles. Par la mort du diable! tu me plais. Les familles peuvent se désoler, les nations mourir de misère, cela échauffe la cervelle de Monsieur! Admirable poète, comment arranges-tu tout cela avec ta piété?

TEBALDEO.

Je ne ris point du malheur des familles : je dis que la poésie est la plus douce des souffrances et qu'elle aime ses sœurs. Je plains les peuples malheureux, mais je crois, en effet, qu'ils font les grands artistes ; les champs de bataille font pousser les moissons, les terres corrompues engendrent le blé céleste.

LORENZO.

Ton pourpoint est usé ; en veux-tu un à ma livrée ?

TEBALDEO.

Je n'appartiens à personne. Quand la pensée veut être libre, le corps doit l'être aussi.

LORENZO.

J'ai envie de dire à mon valet de chambre de te donner des coups de bâton.

TEBALDEO.

Pourquoi, Monseigneur ?

LORENZO.

Parce que cela me passe par la tête. Es-tu boiteux de naissance ou par accident ?

TEBALDEO.

Je ne suis pas boiteux ; que voulez-vous dire par là ?

LORENZO.

Tu es boiteux ou tu es fou.

TEBALDEO.

Pourquoi, Monseigneur ? Vous vous riez de moi.

LORENZO.

Si tu n'étais pas boiteux, comment resterais-tu, à moins d'être fou, dans une ville où, en l'honneur de tes idées de liberté, le premier valet d'un Médicis peut te faire assommer sans qu'on y trouve à redire?

TEBALDEO.

J'aime ma mère Florence : c'est pourquoi je reste chez elle. Je sais qu'un citoyen peut être assassiné en plein jour et en pleine rue, selon le caprice de ceux qui la gouvernent : c'est pourquoi je porte ce stylet à ma ceinture.

LORENZO.

Frapperais-tu le duc si le duc te frappait, comme il lui est arrivé souvent de commettre, par partie de plaisir, des meurtres facétieux?

TEBALDEO.

Je le tuerais s'il m'attaquait.

LORENZO.

Tu me dis cela, à moi!

TEBALDEO.

Pourquoi m'en voudrait-on? je ne fais de mal à personne. Je passe les journées à l'atelier. Le dimanche, je vais à l'Annonciade ou à Sainte-Marie; les moines trouvent que j'ai de la voix; ils me mettent une robe blanche et une calotte rouge, et je fais ma partie dans les chœurs, quelquefois un petit solo : ce sont les seules occasions où je vais en public. Le soir, je vais chez ma maîtresse, et, quand la nuit est belle, je la passe sur son balcon. Personne ne me connaît, et je ne connais personne : à qui ma vie ou ma mort peut-elle être utile ?

LORENZO.

Es-tu républicain ? Aimes-tu les princes ?

TEBALDEO.

Je suis artiste ; j'aime ma mère et ma maîtresse.

LORENZO.

Viens demain à mon palais, je veux te faire faire un tableau d'importance pour le jour de mes noces.

Ils sortent.

SCÈNE III

Chez la marquise de Cibo.

LE CARDINAL, seul.

Oui, je suivrai tes ordres, Farnèse[1] ! Que ton commissaire apostolique s'enferme avec sa probité dans le cercle étroit de son office, je remuerai d'une main ferme la terre glissante sur laquelle il n'ose marcher. Tu attends cela de moi ; je t'ai compris, et j'agirai sans parler, comme tu as commandé. Tu as deviné qui j'étais, lorsque tu m'as placé auprès d'Alexandre sans me revêtir d'aucun titre qui me donnât quelque pouvoir sur lui. C'est

---

1. Le pape Paul III. (*Note de l'auteur.*)

d'un autre qu'il se défiera, en m'obéissant à son insu. Qu'il épuise sa force contre des ombres d'hommes gonflés d'une ombre de puissance, je serai l'anneau invisible qui l'attachera, pieds et poings liés, à la chaîne de fer dont Rome et César tiennent les deux bouts. Si mes yeux ne me trompent pas, c'est dans cette maison qu'est le marteau dont je me servirai. Alexandre aime ma belle-sœur : que cet amour l'ait flattée, cela est croyable ; ce qui peut en résulter est douteux ; mais ce qu'elle en veut faire, c'est là ce qui est certain pour moi. Qui sait jusqu'où pourrait aller l'influence d'une femme exaltée, même sur cet homme grossier, sur cette armure vivante ? Un si doux péché pour une si belle cause, cela est tentant, n'est-il pas vrai, Ricciarda ? Presser ce cœur de lion sur ton faible cœur tout percé de flèches saignantes, comme celui de saint Sébastien ; parler les yeux en pleurs, pendant que le tyran adoré passera ses rudes mains dans ta chevelure dénouée ; faire jaillir d'un rocher l'étincelle sacrée, cela valait bien le petit sacrifice de l'honneur conjugal, et de quelques autres bagatelles. Florence y gagnerait tant, et ces bons maris n'y perdent rien ! Mais il ne fallait pas me prendre pour confesseur.

La voici qui s'avance, son livre de prières à la main. Aujourd'hui donc tout va s'éclaircir ; laisse seulement tomber ton secret dans l'oreille du prêtre : le courtisan pourra bien en profiter, mais, en conscience, il n'en dirà rien.

Entre la marquise de Cibo.

LE CARDINAL, s'asseyant.

Me voilà prêt.

La marquise s'agenouille auprès de lui sur son prie-Dieu.

LA MARQUISE.

Bénissez-moi, mon père, parce que j'ai péché.

LE CARDINAL.

Avez-vous dit votre *Confiteor?* Nous pouvons commencer, marquise.

LA MARQUISE.

Je m'accuse de mouvements de colère, de doutes irréligieux et injurieux pour notre saint-père le pape.

LE CARDINAL.

Continuez.

LA MARQUISE.

J'ai dit hier, dans une assemblée, à propos de l'évêque de Fano, que la sainte Église catholique était un lieu de débauche.

LE CARDINAL.

Continuez.

LA MARQUISE.

J'ai écouté des discours contraires à la fidélité que j'ai jurée à mon mari.

LE CARDINAL.

Qui vous a tenu ces discours?

LA MARQUISE.
J'ai lu une lettre écrite dans la même pensée.

LE CARDINAL.
Qui vous a écrit cette lettre?

LA MARQUISE.
Je m'accuse de ce que j'ai fait, et non de ce qu'ont fait les autres.

LE CARDINAL.
Ma fille, vous devez me répondre, si vous voulez que je puisse vous donner l'absolution en toute sécurité. Avant tout, dites-moi si vous avez répondu à cette lettre.

LA MARQUISE.
J'y ai répondu de vive voix, mais non par écrit.

LE CARDINAL.
Qu'avez-vous répondu?

LA MARQUISE.
J'ai accordé à la personne qui m'avait écrit la permission de me voir comme elle le demandait.

LE CARDINAL.
Comment s'est passée cette entrevue?

LA MARQUISE.
Je me suis accusée déjà d'avoir écouté des discours contraires à mon honneur.

LE CARDINAL.
Comment y avez-vous répondu?

LA MARQUISE.
Comme il convient à une femme qui se respecte.

LE CARDINAL.

N'avez-vous point laissé entrevoir qu'on finirait par vous persuader?

LA MARQUISE.

Non, mon père.

LE CARDINAL.

Avez-vous annoncé à la personne dont il s'agit la résolution de ne plus écouter de semblables discours à l'avenir?

LA MARQUISE.

Oui, mon père.

LE CARDINAL.

Cette personne vous plaît-elle?

LA MARQUISE.

Mon cœur n'en sait rien, j'espère.

LE CARDINAL.

Avez-vous averti votre mari?

LA MARQUISE.

Non, mon père. Une honnête femme ne doit point troubler son ménage par des récits de cette sorte.

LE CARDINAL.

Ne me cachez-vous rien? Ne s'est-il rien passé entre vous et la personne dont il s'agit que vous hésitiez à me confier?

LA MARQUISE.

Rien, mon père.

LE CARDINAL.

Pas un regard tendre? pas un baiser pris à la dérobée?

LA MARQUISE.

Non, mon père.

LE CARDINAL.

Cela est-il sûr, ma fiile?

LA MARQUISE.

Mon beau-frère, il me semble que je n'ai pas l'habitude de mentir devant Dieu.

LE CARDINAL.

Vous avez refusé de me dire le nom que je vous ai demandé tout à l'heure; je ne puis cependant vous donner l'absolution sans le savoir.

LA MARQUISE.

Pourquoi cela? Lire une lettre peut être un péché, mais non pas une signature. Qu'importe le nom à la chose?

LE CARDINAL.

Il importe plus que vous ne pensez.

LA MARQUISE.

Malaspina, vous en voulez trop savoir. Refusez-moi l'absolution, si vous voulez: je prendrai pour confesseur le premier prêtre venu, qui me la donnera.

Elle se lève.

LE CARDINAL.

Quelle violence, marquise! Est-ce que je ne sais pas que c'est du duc que vous voulez parler?

LA MARQUISE.

Du duc! — Eh bien! si vous le savez, pourquoi voulez-vous me le faire dire?

LE CARDINAL.

Pourquoi refusez-vous de me le dire? Cela m'étonne.

LA MARQUISE.

Et qu'en voulez-vous faire, vous, mon confesseur? Est-ce pour le répéter à mon mari que vous tenez si fort à l'entendre? Oui, cela est bien certain, c'est un tort que d'avoir pour confesseur un de ses parents. Le Ciel m'est témoin qu'en m'agenouillant devant vous j'oublie que je suis votre belle-sœur; mais vous prenez soin de me le rappeler. Prenez garde, Cibo, prenez garde à votre salut éternel, tout cardinal que vous êtes.

LE CARDINAL.

Revenez donc à cette place, marquise; il n'y a pas tant de mal que vous croyez.

LA MARQUISE.

Que voulez-vous dire?

LE CARDINAL.

Qu'un confesseur doit tout savoir, parce qu'il peut tout diriger, et qu'un beau-frère ne doit rien dire, à certaines conditions.

LA MARQUISE.

Quelles conditions?

LE CARDINAL.

Non, non, je me trompe; ce n'était pas ce mot

là que je voulais employer. Je voulais dire que le duc est puissant, qu'une rupture avec lui peut nuire aux plus riches familles, mais qu'un secret d'importance entre des mains expérimentées peut devenir une source de biens abondante.

LA MARQUISE.

Une source de biens! des mains expérimentées! — Je reste là, en vérité, comme une statue. Que couves-tu, prêtre, sous ces paroles ambiguës? Il y a certains assemblages de mots qui passent par instants sur vos lèvres, à vous autres : on ne sait qu'en penser.

LE CARDINAL.

Revenez donc vous asseoir là, Ricciarda. Je ne vous ai point encore donné l'absolution.

LA MARQUISE.

Parlez toujours; il n'est pas prouvé que j'en veuille.

LE CARDINAL, se levant.

Prenez garde à vous, marquise! Quand on veut me braver en face, il faut avoir une armure solide et sans défaut; je ne veux point menacer; je n'ai pas un mot à vous dire; prenez un autre confesseur.

Il sort.

LA MARQUISE, seule.

Cela est inouï. S'en aller en serrant les poings, les yeux enflammés de colère! Parler de mains expérimentées, de direction à donner à certaines choses! Eh mais! qu'y a-t-il donc? Qu'il voulût pénétrer mon secret pour en informer mon mari, je le conçois; mais, si ce n'est pas là son but, que veut-il faire de moi? La maîtresse du duc? Tout savoir, dit-il, et tout diriger? cela n'est pas possible; il y a quelque autre mystère plus sombre et plus inexplicable là-dessous; Cibo ne ferait pas un pareil métier. Non! cela est sûr; je le connais. C'est bon pour Lorenzaccio; mais lui! il faut qu'il ait quelque sourde pensée, plus vaste que cela et plus profonde. Ah! comme les hommes sortent d'eux-mêmes tout à coup après dix ans de silence! Cela est effrayant.

Maintenant, que ferai-je? Est-ce que j'aime Alexandre? Non, je ne l'aime pas, non, assurément; j'ai dit que non dans ma confession, et je n'ai pas menti. Pourquoi Laurent est-il à Massa? Pourquoi le duc me presse-t-il? Pourquoi ai-je répondu que je ne voulais plus le voir? pourquoi?
— Ah! pourquoi y a-t-il dans tout cela un aimant, un charme inexplicable qui m'attire?

Elle ouvre la fenêtre.

Que tu es belle, Florence, mais que tu es triste! Il y a là plus d'une maison où Alexandre est entré la nuit, couvert de son manteau; c'est un libertin, je le sais. — Et pourquoi est-ce que tu te mêles à tout cela, toi, Florence? Qui est-ce donc que j'aime? Est-ce toi, ou est-ce lui?

AGNOLO, entrant.

Madame, Son Altesse vient d'entrer dans la cour.

LA MARQUISE.

Cela est singulier; ce Malaspina m'a laissée toute tremblante.

SCÈNE IV

Au palais des Soderini.

MARIE SODERINI, CATHERINE, LORENZO, assis.

CATHERINE, tenant un livre.

Quelle histoire vous lirai-je, ma mère ?

MARIE.

Ma Cattina se moque de sa pauvre mère. Est-ce que je comprends rien à tes livres latins ?

CATHERINE.

Celui-ci n'est point en latin, mais il en est traduit : c'est l'histoire romaine.

LORENZO.

Je suis très fort sur l'histoire romaine. Il y avait une fois un jeune gentilhomme nommé Tarquin le fils.

CATHERINE.

Ah ! c'est une histoire de sang.

LORENZO.

Pas du tout, c'est un conte de fées. Brutus

était un fou, un monomane, et rien de plus. Tarquin était un duc plein de sagesse, qui allait voir en pantoufles si les petites filles dormaient bien.

CATHERINE.

Dites-vous aussi du mal de Lucrèce ?

LORENZO.

Elle s'est donné le plaisir du péché et la gloire du trépas. Elle s'est laissé prendre toute vive comme une alouette au piège, et puis elle s'est fourré bien gentiment son petit couteau dans le ventre.

MARIE.

Si vous méprisez les femmes, pourquoi affectez-vous de les rabaisser devant votre mère et votre sœur ?

LORENZO.

Je vous estime, vous et elle. Hors de là, le monde me fait horreur.

MARIE.

Sais-tu le rêve que j'ai eu cette nuit, mon enfant ?

LORENZO.

Quel rêve ?

MARIE.

Ce n'était point un rêve, car je ne dormais pas. J'étais seule dans cette grande salle; ma lampe était loin de moi, sur cette table auprès de la fenêtre. Je songeais aux jours où j'étais heureuse, aux jours de ton enfance, mon Lorenzino. Je regardais cette nuit obscure, et je me disais : « Il ne rentrera qu'au jour, lui qui passait autrefois les nuits à travailler. » Mes yeux se remplissaient de larmes, et je secouais la tête en les sentant couler. J'ai entendu tout d'un coup marcher lentement dans la galerie ; je me suis retournée ; un homme vêtu de noir venait à moi, un livre sous le bras : c'était toi, Renzo. « Comme tu reviens de bonne heure ! » me suis-je écriée. Mais le spectre s'est assis auprès de la lampe sans me répondre ; il a ouvert son livre, et j'ai reconnu mon Lorenzino d'autrefois.

LORENZO.

Vous l'avez vu ?

MARIE.

Comme je te vois.

LORENZO.

Quand s'en est-il allé ?

MARIE.

Quand tu as tiré la cloche ce matin en rentrant.

LORENZO.

Mon spectre, à moi ! Et il s'en est allé quand je suis rentré ?

MARIE.

Il s'est levé d'un air mélancolique, et s'est effacé comme une vapeur du matin.

LORENZO.

Catherine, Catherine, lis-moi l'histoire de Brutus.

CATHERINE.

Qu'avez-vous? vous tremblez de la tête aux pieds.

LORENZO.

Ma mère, asseyez-vous ce soir à la place où vous étiez cette nuit, et, si mon spectre revient, dites-lui qu'il verra bientôt quelque chose qui l'étonnera.

On frappe.

CATHERINE.

C'est mon oncle Bindo et Baptista Venturi.

Bindo et Venturi entrent.

BINDO, bas à Marie.

Je viens tenter un dernier effort.

MARIE.

Nous vous laissons; puissiez-vous réussir!

Elle sort avec Catherine.

BINDO.

Lorenzo, pourquoi ne démens-tu pas l'histoire scandaleuse qui court sur ton compte?

LORENZO.

Quelle histoire?

BINDO.

On dit que tu t'es évanoui à la vue d'une épée.

LORENZO.

Le croyez-vous, mon oncle?

BINDO.

Je t'ai vu faire des armes à Rome; mais cela ne m'étonnerait pas que tu devinsses plus vil qu'un chien, au métier que tu fais ici.

LORENZO.

L'histoire est vraie : je me suis évanoui. Bonjour, Venturi. A quel taux sont vos marchandises? comment va le commerce?

VENTURI.

Seigneur, je suis à la tête d'une fabrique de soie; mais c'est me faire une injure que de m'appeler marchand.

LORENZO.

C'est vrai. Je voulais dire seulement que vous aviez contracté au collège l'habitude innocente de vendre de la soie.

BINDO.

J'ai confié au seigneur Venturi les projets qui occupent en ce moment tant de familles à Florence. C'est un digne ami de la liberté, et j'entends, Lorenzo, que vous le traitiez comme tel. Le temps de plaisanter est passé. Vous nous avez dit quelquefois que cette confiance extrême que le duc vous témoigne n'était qu'un piège de votre part. Cela est-il vrai ou faux? Êtes-vous des nôtres, ou n'en êtes-vous pas? Voilà ce qu'il nous faut savoir. Toutes les grandes familles voient bien que le despotisme des Médicis n'est ni juste ni tolérable. De quel droit laisserions-nous s'élever paisiblement cette maison orgueilleuse sur les ruines de nos privilèges? La capitulation n'est point observée. La puissance de l'Allemagne se fait sentir de jour en jour d'une manière plus absolue. Il est temps d'en finir et de rassembler les patriotes. Répondrez-vous à cet appel?

LORENZO.

Qu'en dites-vous, Seigneur Venturi? Parlez, parlez, voilà mon oncle qui reprend haleine; saisissez cette occasion, si vous aimez votre pays.

VENTURI.

Seigneur, je pense de même, et je n'ai pas un mot à ajouter.

LORENZO.

Pas un mot? pas un beau petit mot bien sonore? Vous ne connaissez pas la véritable éloquence. On tourne une grande période autour d'un beau petit mot, pas trop court ni trop long, et rond comme une toupie; on rejette son bras gauche en arrière de manière à faire faire à son manteau des plis pleins d'une dignité tempérée par la grâce; on lâche sa période, qui se déroule comme une corde ronflante, et la petite toupie s'échappe avec un murmure délicieux. On pourrait presque la ramasser dans le creux de la main, comme les enfants des rues.

BINDO.

Tu es un insolent! Réponds, ou sors d'ici.

LORENZO.

Je suis des vôtres, mon oncle. Ne voyez-vous pas à ma coiffure que je suis républicain dans l'âme? Regardez comme ma barbe est coupée. N'en doutez pas un seul instant, l'amour de la patrie respire dans mes vêtements les plus cachés.

On sonne à la porte d'entrée; la cour se remplit de pages et de chevaux.

UN PAGE, entrant.

Le duc!

Entre Alexandre.

LORENZO.

Quel excès de faveur, mon prince! vous daignez visiter un pauvre serviteur en personne?

LE DUC.

Quels sont ces hommes-là? J'ai à te parler.

LORENZO.

J'ai l'honneur de présenter à Votre Altesse mon oncle Bindo Altoviti, qui regrette qu'un long séjour à Naples ne lui ait pas permis de se jeter plus tôt à vos pieds. Cet autre seigneur est l'illustre Baptista Venturi, qui fabrique, il est vrai, de la soie, mais qui n'en vend point. Que la présence inattendue d'un si grand prince dans cette humble maison ne vous trouble pas, mon cher oncle, ni vous non plus, digne Venturi. Ce que vous demandez vous sera accordé, ou vous serez en droit de dire que mes supplications n'ont aucun crédit auprès de mon gracieux souverain.

LE DUC.

Que demandez-vous, Bindo?

BINDO.

Altesse, je suis désolé que mon neveu...

LORENZO.

Le titre d'ambassadeur à Rome n'appartient à personne en ce moment. Mon oncle se flattait de l'obtenir de vos bontés. Il n'est pas dans Florence un seul homme qui puisse soutenir la comparaison avec lui, dès qu'il s'agit du dévouement et du respect qu'on doit aux Médicis.

LE DUC.

En vérité, Renzino? Eh bien! mon cher Bindo, voilà qui est dit. Viens demain matin au palais.

BINDO.

Altesse, je suis confondu. Comment reconnaître...

LORENZO.

Le seigneur Venturi, bien qu'il ne vende point de soie, demande un privilège pour ses fabriques.

LE DUC.

Quel privilège?

LORENZO.

Vos armoiries sur la porte, avec le brevet. Accordez-le-lui, Monseigneur, si vous aimez ceux qui vous aiment.

LE DUC.

Voilà qui est bon. Est-ce fini ? Allez, Messieurs ; la paix soit avec vous.

VENTURI.

Altesse !... vous me comblez de joie... je ne puis exprimer...

LE DUC, à ses gardes.

Qu'on laisse passer ces deux personnes.

BINDO, sortant, bas à Venturi.

C'est un tour infâme.

VENTURI, de même.

Que ferez-vous ?

BINDO, de même.

Que diable veux-tu que je fasse ? Je suis nommé.

VENTURI, de même.

Cela est terrible !

Ils sortent.

LE DUC.

La Cibo est à moi.

LORENZO.

J'en suis fâché.

LE DUC.

Pourquoi ?

LORENZO.

Parce que cela fera tort aux autres.

LE DUC.

Ma foi, non, elle m'ennuie déjà. Dis-moi donc, mignon, quelle est donc cette belle femme qui arrange ses fleurs sur cette fenêtre? Voilà longtemps que je la vois sans cesse en passant.

LORENZO.

Où donc?

LE DUC.

Là-bas, en face, dans le palais.

LORENZO.

Oh! ce n'est rien.

LE DUC.

Rien? Appelles-tu rien ces bras-là! Quelle Vénus, entrailles du diable!

LORENZO.

C'est une voisine.

LE DUC.

Je veux parler à cette voisine-là. Eh! parbleu! si je ne me trompe, c'est Catherine Ginori.

LORENZO.

Non.

LE DUC.

Je la reconnais très bien; c'est ta tante. Peste! j'avais oublié cette figure-là. Amène-la donc souper.

LORENZO.

Cela serait très difficile. C'est une vertu.

LE DUC.

Allons donc! Est-ce qu'il y en a pour nous autres?

LORENZO.

Je lui demanderai, si vous voulez; mais je vous avertis que c'est une pédante : elle parle latin.

LE DUC.

Bon! elle ne fait pas l'amour en latin. Viens donc par ici; nous la verrons mieux de cette galerie.

LORENZO.

Une autre fois, mignon; — à l'heure qu'il est, je n'ai pas de temps à perdre : — il faut que j'aille chez le Strozzi.

LE DUC.

Quoi! chez ce vieux fou?

LORENZO.

Oui, chez ce vieux misérable, chez cet infâme. Il paraît qu'il ne peut se guérir de cette singulière lubie d'ouvrir sa bourse à toutes ces viles créatures qu'on nomme bannis, et que ces meurt-de-faim se réunissent chez lui tous les jours, avant de mettre leurs souliers et de prendre leurs bâtons. Maintenant, mon projet est d'aller au plus vite manger le dîner de ce vieux gibier de potence, et de lui renouveler l'assurance de ma cordiale amitié. J'aurai ce soir quelque bonne histoire à vous conter, quelque charmante petite fredaine qui pourra faire lever de bonne heure demain matin quelques-unes de toutes ces canailles.

LE DUC.

Que je suis heureux de t'avoir, mignon! J'avoue que je ne comprends pas comment ils te reçoivent.

LORENZO.

Bon! si vous saviez comme cela est aisé de mentir impudemment au nez d'un butor! Cela prouve bien que vous n'avez jamais essayé. A propos, ne m'avez-vous pas dit que vous vouliez donner votre portrait, je ne sais plus à qui? J'ai un peintre à vous amener; c'est un protégé.

LE DUC.

Bon, bon; mais pense à ta tante. C'est pour elle que je suis venu te voir; le diable m'emporte! tu as une tante qui me revient.

LORENZO.

Et la Cibo?

LE DUC.

Je te dis de parler de moi à ta tante.

Ils sortent.

SCÈNE V

Une salle du palais des Strozzi.

PHILIPPE STROZZI, LE PRIEUR, LOUISE, occupée à travailler, LORENZO, couché sur un sofa.

PHILIPPE.

Dieu veuille qu'il n'en soit rien! Que de haines inextinguibles, implacables, n'ont pas commencé autrement! Un propos! la fumée d'un repas jasant sur les lèvres épaisses d'un débauché! voilà les guerres de famille, voilà comme les couteaux se tirent. On est insulté, et on tue; on a tué, et on est tué. Bientôt les haines s'enracinent; on berce les fils dans les cercueils de leurs aïeux, et des générations entières sortent de terre l'épée à la main.

LE PRIEUR.

J'ai peut-être eu tort de me souvenir de ce méchant propos et de ce maudit voyage à Montolivet; mais le moyen d'endurer ces Salviati!

PHILIPPE.

Ah! Léon, Léon, je te le demande, qu'y aurait-il de changé pour Louise et pour nous-mêmes si tu n'avais rien dit à mes enfants? La vertu d'une Strozzi ne peut-elle oublier un mot d'un Salviati? L'habitant d'un palais de marbre doit-il savoir les obscénités que la populace écrit sur ses murs? Qu'importe le propos d'un Julien? Ma fille en trouvera-t-elle moins un honnête mari? ses enfants la respecteront-ils moins? M'en souviendrai-je, moi, son père, en lui donnant le baiser du soir? Où en sommes-nous, si l'insolence du premier venu tire du fourreau des épées comme les nôtres? Maintenant tout est perdu; voilà Pierre furieux de tout ce que tu nous as conté. Il s'est mis en campagne; il est allé chez les Pazzi. Dieu sait ce qui peut arriver! Qu'il rencontre Salviati, voilà le sang répandu, le mien, mon sang sur le pavé de Florence ! Ah ! pourquoi suis-je père !

LE PRIEUR.

Si on m'eût rapporté un propos sur ma sœur, quel qu'il fût, j'aurais tourné le dos, et tout aurait été fini là ; mais celui-là m'était adressé ; il était si grossier que je me suis figuré que le rustre ne savait de qui il parlait ; — mais il le savait bien.

PHILIPPE.

Oui, ils le savent, les infâmes ! ils savent bien où ils frappent ! Le vieux tronc d'arbre est d'un bois trop solide ; ils ne viendraient pas l'entamer. Mais ils connaissent la fibre délicate qui tressaille dans ses entrailles lorsqu'on attaque son plus faible bourgeon. Ma Louise ! ah ! qu'est-ce donc que la raison ? Les mains me tremblent à cette idée. Juste Dieu ! la raison, est-ce donc la vieillesse ?

LE PRIEUR.

Pierre est trop violent.

PHILIPPE.

Pauvre Pierre ! comme le rouge lui est monté au front ! comme il a frémi en t'écoutant raconter l'insulte faite à sa sœur ! C'est moi qui suis un fou, car je t'ai laissé dire. Pierre se promenait par la chambre à grands pas, inquiet, furieux, la tête perdue ; il allait, il venait, comme moi maintenant. Je le regardais en silence : c'est un si beau spectacle qu'un sang pur montant à un front sans reproche! O ma patrie! pensais-je, en voilà un, et c'est mon aîné. Ah! Léon, j'ai beau faire, je suis un Strozzi.

LE PRIEUR.

Il n'y a peut-être pas tant de danger que vous le pensez. — C'est un grand hasard s'il rencontre Salviati ce soir. — Demain, nous verrons tous les choses plus sagement.

PHILIPPE.

N'en doutez pas; Pierre le tuera, ou il se fera tuer.

Il ouvre la fenêtre.

Où sont-ils maintenant? Voilà la nuit; la ville se couvre de profondes ténèbres; ces rues sombres me font horreur; — le sang coule quelque part, j'en suis sûr.

LE PRIEUR.

Calmez-vous.

PHILIPPE.

A la manière dont mon Pierre est sorti, je suis sûr qu'il ne rentrera que vengé ou mort. Je l'ai vu décrocher son épée en fronçant le sourcil : il se mordait les lèvres, et les muscles de ses bras étaient tendus comme des arcs. Oui, oui, maintenant il meurt ou il est vengé; cela n'est pas douteux.

LE PRIEUR.

Remettez-vous, fermez cette fenêtre.

PHILIPPE.

Eh bien! Florence, apprends-la donc à tes pavés la couleur de mon noble sang! Il y a quarante de tes fils qui l'ont dans les veines. Et moi, le chef de cette famille immense, plus d'une fois encore ma tête blanche se penchera du haut de ces fenêtres dans les angoisses paternelles! plus d'une fois ce sang, que tu bois peut-être à cette heure avec indifférence, séchera au soleil de tes places! Mais ne ris pas ce soir du vieux Strozzi, qui a peur pour son enfant. Sois avare de sa famille, car il viendra un jour où tu la compteras, où tu te mettras avec lui à la fenêtre, et où le cœur te battra aussi lorsque tu entendras le bruit de nos épées.

LOUISE.

Mon père! mon père! vous me faites peur.

LE PRIEUR, bas à Louise.

N'est-ce pas Thomas qui rôde sous ces lanternes? Il m'a semblé le reconnaître à sa petite taille. Le voilà parti.

PHILIPPE.

Pauvre ville! où les pères attendent ainsi le retour de leurs enfants! Pauvre patrie! pauvre patrie! Il y en a bien d'autres à cette heure qui ont pris leur manteau et leur épée pour s'enfoncer dans cette nuit obscure; et ceux qui les attendent ne sont point inquiets ; ils savent qu'ils mourront demain de misère, s'ils ne meurent de froid cette nuit. Et nous, dans ces palais somptueux, nous attendons qu'on nous insulte pour tirer nos épées ! Le propos d'un ivrogne nous transporte de colère, et disperse dans ces sombres rues nos fils et nos amis ! Mais les malheurs publics ne secouent pas la poussière de nos armes. On croit Philippe Strozzi un honnête homme, parce qu'il fait le bien sans empêcher le mal; et maintenant, moi, père, que ne donnerais-je pas pour qu'il y eût au monde un être capable de me rendre mon fils et de punir juridiquement l'insulte faite à ma fille ! Mais pourquoi empêcherait-on le mal qui m'arrive, quand je n'ai pas empêché celui qui arrive aux autres, moi qui en avais le pouvoir? Je me suis courbé sur des livres, et j'ai rêvé pour ma patrie ce que j'admirais dans l'antiquité. Les murs criaient vengeance autour de moi, et je me bouchais les oreilles pour m'enfoncer dans mes méditations ; il a fallu que la tyrannie vînt me frapper au visage pour me faire dire : « Agissons ! » et ma vengeance a des cheveux gris.

<small>Entrent Pierre, Thomas et François Pazzi.</small>

PIERRE.

C'est fait ; Salviati est mort.

<small>Il embrasse sa sœur.</small>

LOUISE.

Quelle horreur ! tu es couvert de sang.

PIERRE.

Nous l'avons attendu au coin de la rue des Archers; François a arrêté son cheval; Thomas l'a frappé à la jambe, et moi...

LOUISE.

Tais-toi! tais-toi! tu me fais frémir; tes yeux sortent de leurs orbites; tes mains sont hideuses; tout ton corps tremble, et tu es pâle comme la mort.

LORENZO, se levant.

Tu es beau, Pierre, tu es grand comme la vengeance.

PIERRE.

Qui dit cela? Te voilà ici, toi, Lorenzaccio!

Il s'approche de son père.

Quand donc fermerez-vous votre porte à ce misérable? ne savez-vous donc pas ce que c'est, sans compter l'histoire de son duel avec Maurice?

PHILIPPE.

C'est bon; je sais tout cela. Si Lorenzo est ici, c'est que j'ai de bonnes raisons pour l'y recevoir. Nous en parlerons en temps et lieu.

PIERRE, entre ses dents.

Hum! des raisons pour recevoir cette canaille? Je pourrais bien en trouver, un de ces matins, une très bonne aussi pour le faire sauter par les fenêtres. Dites ce que vous voudrez, j'étouffe dans cette chambre de voir une pareille lèpre se traîner sur nos fauteuils.

PHILIPPE.

Allons, paix! tu es un écervelé! Dieu veuille que ton coup de ce soir n'ait pas de mauvaises suites pour nous! Il faut commencer par te cacher.

PIERRE.

Me cacher! Et, au nom de tous les saints, pourquoi me cacherais-je?

LORENZO, à Thomas.

En sorte que vous l'avez frappé à l'épaule?... Dites-moi donc un peu...

Il l'entraîne dans l'embrasure d'une fenêtre; tous deux s'entretiennent à voix basse.

PIERRE.

Non, mon père, je ne me cacherai pas. L'insulte a été publique, il nous l'a faite au milieu d'une place. Moi, je l'ai assommé au milieu d'une rue, et il me convient demain matin de le raconter à toute la ville. Depuis quand se cache-t-on pour avoir vengé son honneur? Je me promènerais volontiers l'épée nue, et sans en essuyer une goutte de sang.

PHILIPPE.

Viens par ici, il faut que je te parle. Tu n'es pas blessé, mon enfant? tu n'as rien reçu dans tout cela?

Ils sortent.

SCÈNE VI

Au palais du duc.

LE DUC, à demi nu; TEBALDEO, faisant son portrait; GIOMO joue de la guitare.

GIOMO, chantant.

Quand je mourrai, mon échanson,
Porte mon cœur à ma maîtresse;
Qu'elle envoie au diable la messe,
La prêtraille et les oraisons.
Les pleurs ne sont que de l'eau claire :
Dis-lui qu'elle éventre un tonneau;
Qu'on entonne un chœur sur ma bière,
J'y répondrai du fond de mon tombeau.

LE DUC.

Je savais bien que j'avais quelque chose à te demander. Dis-moi, Hongrois, que t'avait donc fait ce garçon que je t'ai vu bâtonner tantôt d'une si joyeuse manière?

GIOMO.

Ma foi, je ne saurais le dire, ni lui non plus.

LE DUC.

Pourquoi? est-ce qu'il est mort?

GIOMO.

C'est un gamin d'une maison voisine; tout à l'heure, en passant, il m'a semblé qu'on l'enterrait.

LE DUC.

Quand mon Giomo frappe, il frappe ferme.

GIOMO.

Cela vous plaît à dire ; je vous ai vu tuer un homme d'un coup plus d'une fois.

LE DUC.

Tu crois? J'étais donc gris? Quand je suis en pointe de gaieté, tous mes moindres coups sont mortels. Qu'as-tu donc, petit? est-ce que la main te tremble? tu louches terriblement.

TEBALDEO.

Rien, Monseigneur, plaise à Votre Altesse.

Entre Lorenzo.

LORENZO.

Cela avance-t-il? Êtes-vous content de mon protégé?

Il prend la cotte de mailles du duc sur le sofa.

Vous avez là une jolie cotte de mailles, mignon! Mais cela doit être bien chaud.

LE DUC.

En vérité, si elle me gênait, je n'en porterais pas. Mais c'est du fil d'acier; la lime la plus aiguë n'en pourrait ronger une maille, et en même temps c'est léger comme de la soie. Il n'y a peut-être pas la pareille dans toute l'Europe; aussi je ne la quitte guère; jamais, pour mieux dire.

LORENZO.

C'est très léger, mais très solide. Croyez-vous cela à l'épreuve du stylet?

LE DUC.

Assurément.

LORENZO.

Au fait, j'y réfléchis à présent; vous la portez toujours sous votre pourpoint. L'autre jour, à la chasse, j'étais en croupe derrière vous, et, en vous tenant à bras-le-corps, je la sentais très bien. C'est une prudente habitude.

LE DUC.

Ce n'est pas que je me défie de personne; comme tu dis, c'est une habitude, — pure habitude de soldat.

LORENZO.

Votre habit est magnifique. Quel parfum que ces gants! Pourquoi donc posez-vous à moitié nu? Cette cotte de mailles aurait fait son effet dans votre portrait; vous avez eu tort de la quitter.

LE DUC.

C'est le peintre qui l'a voulu; cela vaut toujours mieux, d'ailleurs, de poser le cou découvert : regarde les antiques.

LORENZO.

Où diable est ma guitare? Il faut que je fasse un second dessus à Giomo.

Il sort.

TEBALDEO.

Altesse, je n'en ferai pas davantage aujourd'hui.

GIOMO, à la fenêtre.

Que fait donc Lorenzo? Le voilà en contemplation devant le puits qui est au milieu du jardin : ce n'est pas là, il me semble, qu'il devrait chercher sa guitare.

LE DUC.

Donnez-moi mes habits. Où est donc ma cotte de mailles?

GIOMO.

Je ne la trouve pas; j'ai beau chercher : elle s'est envolée.

LE DUC.

Renzino la tenait il n'y a pas cinq minutes; il l'aura jetée dans un coin en s'en allant, selon sa louable coutume de paresseux.

GIOMO.

Cela est incroyable; pas plus de cotte de mailles que sur ma main.

LE DUC.

Allons, tu rêves ! cela est impossible.

GIOMO.

Voyez vous-même, Altesse; la chambre n'est pas si grande!

LE DUC.

Renzo la tenait là, sur ce sofa.

Rentre Lorenzo.

Qu'as-tu donc fait de ma cotte? nous ne pouvons plus la retrouver.

LORENZO.

Je l'ai remise où elle était. Attendez; non, je l'ai posée sur ce fauteuil; non, c'est sur le lit. Je n'en sais rien; mais j'ai trouvé ma guitare.
<small>Il chante en s'accompagnant.</small>

Bonjour, Madame l'abbesse...

GIOMO.

Dans le puits du jardin, apparemment? car vous étiez penché dessus tout à l'heure d'un air tout à fait absorbé.

LORENZO.

Cracher dans un puits pour faire des ronds est mon plus grand bonheur. Après boire et dormir, je n'ai pas d'autre occupation.
<small>Il continue à jouer.</small>

Bonjour, bonjour, abbesse de mon cœur.

LE DUC.

Cela est inouï que cette cotte se trouve perdue! Je crois que je ne l'ai pas ôtée deux fois dans ma vie, si ce n'est pour me coucher.

LORENZO.

Laissez donc, laissez donc. N'allez-vous pas faire un valet de chambre d'un fils de pape? Vos gens la trouveront.

LE DUC.

Que le diable t'emporte! c'est toi qui l'as égarée.

LORENZO.

Si j'étais duc de Florence, je m'inquiéterais d'autre chose que de mes cottes. A propos, j'ai parlé de vous à ma chère tante. Tout est au mieux ; venez donc vous asseoir un peu ici, que je vous parle à l'oreille.

GIOMO, bas au duc.

Cela est singulier, au moins ; la cotte de mailles est enlevée.

LE DUC.

On la retrouvera.

Il s'assoit à côté de Lorenzo.

GIOMO, à part.

Quitter la compagnie pour aller cracher dans le puits, cela n'est pas naturel. Je voudrais retrouver cette cotte de mailles, pour m'ôter de la tête une vieille idée qui se rouille de temps en temps. Bah ! un Lorenzaccio ! La cotte est sur quelque fauteuil.

SCÈNE VII

Devant le palais.

Entre SALVIATI, couvert de sang et boitant ; deux hommes le soutiennent.

SALVIATI, criant.

Alexandre de Médicis ! ouvre ta fenêtre, et regarde un peu comme on traite tes serviteurs !

LE DUC, à la fenêtre.

Qui est là dans la boue? Qui se traîne aux murailles de mon palais avec ces cris épouvantables?

SALVIATI.

Les Strozzi m'ont assassiné; je vais mourir à ta porte.

LE DUC.

Lesquels des Strozzi, et pourquoi?

SALVIATI.

Parce que j'ai dit que leur sœur était amoureuse de toi, mon noble duc. Les Strozzi ont trouvé leur sœur insultée parce que j'ai dit que tu lui plaisais; trois d'entre eux m'ont assassiné. J'ai reconnu Pierre et Thomas; je ne connais pas le troisième.

LE DUC.

Fais-toi monter ici; par Hercule! les meurtriers passeront la nuit en prison, et on les pendra demain matin.

Salviati entre dans le palais.

ACTE III

SCÈNE PREMIÈRE

La chambre à coucher de Lorenzo.

LORENZO, SCORONCONCOLO, faisant des armes.

SCORONCONCOLO.
Maître, as-tu assez du jeu ?

LORENZO.
Non ; crie plus fort. Tiens, pare celle-ci ! tiens, meurs ! tiens, misérable !

SCORONCONCOLO.
A l'assassin ! on me tue ! on me coupe la gorge !

LORENZO.
Meurs ! meurs ! meurs ! — Frappe donc du pied.

SCORONCONCOLO.
A moi, mes archers ! au secours ! on me tue ! Lorenzo de l'enfer !

LORENZO.
Meurs, infâme ! Je te saignerai, pourceau, je te saignerai ! Au cœur, au cœur ! il est éventré. —

Crie donc, frappe donc, tue donc! Ouvre-lui les entrailles! Coupons-le par morceaux, et mangeons, mangeons! J'en ai jusqu'au coude. Fouille dans la gorge, roule-le, roule! Mordons, mordons, et mangeons!

Il tombe épuisé.

SCORONCONCOLO, s'essuyant le front.

Tu as inventé un rude jeu, maître, et tu y vas en vrai tigre; mille millions de tonnerres! tu rugis comme une caverne pleine de panthères et de lions.

LORENZO.

O jour de sang, jour de mes noces! O soleil! soleil! il y a assez longtemps que tu es sec comme le plomb; tu te meurs de soif, soleil! son sang t'enivrera. O ma vengeance! qu'il y a longtemps que tes ongles poussent! O dents d'Ugolin! il vous faut le crâne, le crâne!

SCORONCONCOLO.

Es-tu en délire? As-tu la fièvre, ou es-tu toi-même un rêve?

LORENZO.

Lâche, lâche, — ruffian, — le petit maigre, les pères, les filles, — des adieux, des adieux sans fin, — les rives de l'Arno pleines d'adieux! — les gamins l'écrivent sur les murs. — Ris, vieillard, ris dans ton bonnet blanc; — tu ne vois pas que mes ongles poussent? — Ah! le crâne! le crâne!

Il s'évanouit.

Théâtre de Musset. II.

SCORONCONCOLO.

Maître, tu as un ennemi.
<small>Il lui jette de l'eau à la figure.</small>

Allons! maître, ce n'est pas la peine de tant te démener. On a des sentiments élevés ou on n'en a pas ; je n'oublierai jamais que tu m'as fait avoir une certaine grâce sans laquelle je serais loin. Maître, si tu as un ennemi, dis-le, et je t'en débarrasserai sans qu'il y paraisse autrement.

LORENZO.

Ce n'est rien ; je te dis que mon seul plaisir est de faire peur à mes voisins.

SCORONCONCOLO.

Depuis que nous trépignons dans cette chambre, et que nous y mettons tout à l'envers, ils doivent être bien accoutumés à notre tapage. Je crois que tu pourrais égorger trente hommes dans ce corridor, et les rouler sur ton plancher, sans qu'on s'aperçût dans la maison qu'il s'y passe du nouveau. Si tu veux faire peur aux voisins, tu t'y prends mal. Ils ont eu peur la première fois, c'est vrai ; mais maintenant ils se contentent d'enrager, et ne s'en mettent pas en peine jusqu'au point de quitter leurs fauteuils ou d'ouvrir leurs fenêtres.

LORENZO.

Tu crois?

SCORONCONCOLO.

Tu as un ennemi, maître. Ne t'ai-je pas vu frapper du pied la terre, et maudire le jour de ta naissance ? N'ai-je pas des oreilles ? Et, au milieu de toutes tes fureurs, n'ai-je pas entendu résonner distinctement un petit mot bien net : la vengeance ? Tiens, maître, crois-moi, tu maigris ; — tu n'as plus le mot pour rire comme devant ; — crois-moi, il n'y a rien de si mauvaise digestion qu'une bonne haine. Est-ce que sur deux hommes au soleil il n'y en a pas toujours un dont l'ombre gêne l'autre ? Ton médecin est dans ma gaine ; laisse-moi te guérir.

Il tire son épée.

LORENZO.

Ce médecin-là t'a-t-il jamais guéri, toi ?

SCORONCONCOLO.

Quatre ou cinq fois. Il y avait un jour à Padoue une petite demoiselle qui me disait...

LORENZO.

Montre-moi cette épée. Ah ! garçon, c'est une brave lame.

SCORONCONCOLO.

Essaye-la, et tu verras.

LORENZO.

Tu as deviné mon mal, j'ai un ennemi. Mais pour lui je ne me servirai pas d'une épée qui ait servi pour d'autres. Celle qui le tuera n'aura ici-bas qu'un baptême ; elle gardera son nom.

SCORONCONCOLO.

Quel est le nom de l'homme ?

LORENZO.

Qu'importe ? M'es-tu dévoué ?

SCORONCONCOLO.

Pour toi, je remettrais le Christ en croix.

LORENZO.

Je te le dis en confidence, — je ferai le coup dans cette chambre. Écoute bien, et ne te trompe pas. Si je l'abats du premier coup, ne t'avise pas d'y toucher. Mais je ne suis pas plus gros qu'une puce, et c'est un sanglier. S'il se défend, je compte sur toi pour lui tenir les mains; rien de plus, entends-tu ? c'est à moi qu'il appartient. Je t'avertirai en temps et lieu.

SCORONCONCOLO.

Amen !

SCÈNE II

Au palais Strozzi.

Entrent PHILIPPE et PIERRE.

PIERRE.

Quand je pense à cela, j'ai envie de me couper la main droite. Avoir manqué cette canaille ! Un coup si juste, et l'avoir manqué ! A qui n'était-ce pas rendre service que de faire dire aux gens : Il y a un Salviati de moins dans les rues ? Mais le drôle a fait comme les araignées, — il s'est laissé tomber en repliant ses pattes crochues, et il a fait le mort de peur d'être achevé.

PHILIPPE.

Que t'importe qu'il vive? ta vengeance n'en est que plus complète.

PIERRE.

Oui, je le sais bien, voilà comme vous voyez les choses. Tenez, mon père, vous êtes bon patriote, mais encore meilleur père de famille : ne vous mêlez pas de tout cela.

PHILIPPE.

Qu'as-tu encore en tête? Ne saurais-tu vivre un quart d'heure sans penser à mal?

PIERRE.

Non, par l'enfer! je ne saurais vivre un quart d'heure tranquille dans cet air empoisonné. Le ciel me pèse sur la tête comme une voûte de prison, et il me semble que je respire dans les rues des quolibets et des hoquets d'ivrognes. Adieu, j'ai affaire à présent.

PHILIPPE.

Où vas-tu?

PIERRE.

Pourquoi voulez-vous le savoir? Je vais chez les Pazzi.

PHILIPPE.

Attends-moi donc, car j'y vais aussi.

PIERRE.

Pas à présent, mon père; ce n'est pas un bon moment pour vous.

PHILIPPE.

Parle-moi franchement.

PIERRE.

Cela est entre nous. Nous sommes là une cinquantaine, les Ruccellaï et d'autres, qui ne portons pas le bâtard dans nos entrailles.

PHILIPPE.

Ainsi donc?

PIERRE.

Ainsi donc les avalanches se font quelquefois au moyen d'un caillou gros comme le bout du doigt.

PHILIPPE.

Mais vous n'avez rien d'arrêté? pas de plan, pas de mesures prises? O enfants, enfants! jouer avec la vie et la mort! Des questions qui ont remué le monde! des idées qui ont blanchi des milliers de têtes, et qui les ont fait rouler comme des grains de sable sur les pieds du bourreau! des projets que la Providence elle-même regarde en silence et avec terreur, et qu'elle laisse achever à l'homme, sans oser y toucher! Vous parlez de tout cela en faisant des armes et en buvant un verre de vin d'Espagne, comme s'il s'agissait d'un cheval ou d'une mascarade! Savez-vous ce que c'est qu'une république, que l'artisan au fond de son atelier, que le laboureur dans son champ, que le citoyen sur la place, que la vie entière d'un royaume? le bonheur des hommes, Dieu de justice! O enfants, enfants! savez-vous compter sur vos doigts?

PIERRE.

Un bon coup de lancette guérit tous les maux.

PHILIPPE.

Guérir! guérir! Savez-vous que le plus petit coup de lancette doit être donné par le médecin? Savez-vous qu'il faut une expérience longue comme la vie, et une science grande comme le monde, pour tirer du bras d'un malade une goutte de sang? N'étais-je pas offensé aussi, la nuit dernière, lorsque tu avais mis ton épée nue sous ton manteau? Ne suis-je pas le père de ma Louise, comme tu es son frère? N'était-ce pas une juste vengeance? Et cependant sais-tu ce qu'elle m'a coûté? Ah! les pères savent cela, mais non les enfants! Si tu es père un jour, nous en parlerons.

PIERRE.

Vous qui savez aimer, vous devriez savoir haïr.

PHILIPPE.

Qu'ont donc fait à Dieu ces Pazzi? Ils invitent leurs amis à venir conspirer, comme on invite à jouer aux dés, et les amis, en entrant dans leur cour, glissent dans le sang de leurs grands-pères [1].

---

1. Voir la conspiration des Pazzi. (*Note de l'auteur.*)

Quelle soif ont donc leurs épées? Que voulez-vous donc, que voulez-vous?

PIERRE.

Et pourquoi vous démentir vous-même? Ne vous ai-je pas entendu cent fois dire ce que nous disons? Ne savons-nous pas ce qui vous occupe, quand vos domestiques voient à leur lever vos fenêtres éclairées des flambeaux de la veille? Ceux qui passent les nuits sans dormir ne meurent pas silencieux.

PHILIPPE.

Où en viendrez-vous ? réponds-moi.

PIERRE.

Les Médicis sont une peste. Celui qui est mordu par un serpent n'a que faire d'un médecin : il n'a qu'à se brûler la plaie.

PHILIPPE.

Et quand vous aurez renversé ce qui est, que voulez-vous mettre à la place?

PIERRE.

Nous sommes toujours sûrs de ne pas trouver pire.

PHILIPPE.

Je vous le dis, comptez sur vos doigts.

PIERRE.

Les têtes d'une hydre sont faciles à compter.

PHILIPPE.

Et vous voulez agir? cela est décidé?

PIERRE.

Nous voulons couper les jarrets aux meurtriers de Florence.

PHILIPPE.

Cela est irrévocable? vous voulez agir?

PIERRE.

Adieu, mon père; laissez-moi aller seul.

PHILIPPE.

Depuis quand le vieil aigle reste-t-il dans le nid, quand ses aiglons vont à la curée? O mes enfants! ma brave et belle jeunesse! vous qui avez la force que j'ai perdue, vous qui êtes aujourd'hui ce qu'était le jeune Philippe, laissez-le avoir vieilli pour vous! Emmène-moi, mon fils, je vois que vous allez agir. Je ne vous ferai pas de longs discours, je ne dirai que quelques mots; il peut y avoir quelque chose de bon dans cette tête grise : deux mots, et ce sera fait. Je ne radote pas encore; je ne vous serai pas à charge; ne pars pas sans moi, mon enfant; attends que je prenne mon manteau.

PIERRE.

Venez, mon noble père; nous baiserons le bas de votre robe. Vous êtes notre patriarche, venez voir marcher au soleil les rêves de votre vie. La liberté est mûre; venez, vieux jardinier de Florence, voir sortir de terre la plante que vous aimez.

Ils sortent.

SCÈNE III

Une rue.

UN OFFICIER ALLEMAND et des Soldats; THOMAS STROZZI, au milieu d'eux.

L'OFFICIER.

Si nous ne le trouvons pas chez lui, nous le trouverons chez les Pazzi.

THOMAS.

Va ton train, et ne sois pas en peine; tu sauras ce qu'il en coûte.

L'OFFICIER.

Pas de menace; j'exécute les ordres du duc, et n'ai rien à souffrir de personne.

THOMAS.

Imbécile! qui arrête un Strozzi sur la parole d'un Médicis!

Il se forme un groupe autour d'eux.

UN BOURGEOIS.

Pourquoi arrêtez-vous ce seigneur? nous le connaissons bien, c'est le fils de Philippe.

UN AUTRE.

Lâche-le; nous répondons pour lui.

LE PREMIER.

Oui, oui, nous répondons pour les Strozzi. Laisse-le aller, ou prends garde à tes oreilles.

L'OFFICIER.

Hors de là, canaille! laissez passer la justice du duc, si vous n'aimez pas les coups de hallebarde.

Pierre et Philippe arrivent.

PIERRE.

Qu'y a-t-il? quel est ce tapage? Que fais-tu là, Thomas?

LE BOURGEOIS.

Empêche-le, Philippe, il veut emmener ton fils en prison.

PHILIPPE.

En prison? et sur quel ordre?

PIERRE.

En prison? sais-tu à qui tu as affaire?

L'OFFICIER.

Qu'on saisisse cet homme!

Les soldats arrêtent Pierre.

PIERRE.

Lâchez-moi, misérables, ou je vous éventre comme des pourceaux!

PHILIPPE.

Sur quel ordre agissez-vous, Monsieur?

L'OFFICIER, *montrant l'ordre du duc.*

Voilà mon mandat. J'ai ordre d'arrêter Pierre et Thomas Strozzi.

Les soldats repoussent le peuple, qui leur jette des cailloux.

PIERRE.

De quoi nous accuse-t-on? qu'avons-nous fait? Aidez-moi, mes amis; rossons cette canaille.

<small>Il tire son épée. Un autre détachement de soldats arrive.</small>

L'OFFICIER.

Venez ici; prêtez-moi main-forte.

<small>Pierre est désarmé.</small>

En marche! et le premier qui approche de trop près, un coup de pique dans le ventre! Cela leur apprendra à se mêler de leurs affaires.

PIERRE.

On n'a pas le droit de m'arrêter sans un ordre des Huit. Je me soucie bien des ordres d'Alexandre! Où est l'ordre des Huit?

L'OFFICIER.

C'est devant eux que nous vous menons.

PIERRE.

Si c'est devant eux, je n'ai rien à dire. De quoi suis-je accusé?

UN HOMME DU PEUPLE.

Comment, Philippe, tu laisses emmener tes enfants au tribunal des Huit!

PIERRE.

Répondez donc, de quoi suis-je accusé?

L'OFFICIER.

Cela ne me regarde pas.

<small>Les soldats sortent avec Pierre et Thomas.</small>
PIERRE, en sortant.

N'ayez aucune inquiétude, mon père; les Huit

me renverront souper à la maison, et le bâtard en sera pour ses frais de justice.

PHILIPPE, seul, s'asseyant sur un banc.

J'ai beaucoup d'enfants, mais pas pour longtemps, si cela va si vite. Où en sommes-nous donc si une vengeance aussi juste que le ciel que voilà est clair est punie comme un crime? Eh quoi! les deux aînés d'une famille vieille comme la ville emprisonnés comme des voleurs de grand chemin! la plus grossière insulte châtiée, un Salviati frappé, seulement frappé, et des hallebardes en jeu! Sors donc du fourreau, mon épée. Si le saint appareil des exécutions judiciaires devient la cuirasse des ruffians et des ivrognes, que la hache et le poignard, cette arme des assassins, protègent l'homme de bien. O Christ! la justice devenue une entremetteuse! l'honneur des Strozzi souffleté en place publique, et un tribunal répondant des quolibets d'un rustre! Un Salviati jetant à la plus noble famille de Florence son gant taché de vin et de sang, et, lorsqu'on le châtie, tirant pour se défendre le coupe-tête du bourreau! Lumière du soleil! j'ai parlé, il n'y a pas un quart d'heure, contre les idées de révolte, et voilà le pain qu'on me donne à manger, avec mes paroles de paix sur les lèvres! Allons! mes bras, remuez; et toi, vieux corps courbé par l'âge et par l'étude, redresse-toi pour l'action!

Entre Lorenzo.

LORENZO.

Demandes-tu l'aumône, Philippe, assis au coin de cette rue?

PHILIPPE.

Je demande l'aumône à la justice des hommes : je suis un mendiant affamé de justice, et mon honneur est en haillons.

LORENZO.

Quel changement va donc s'opérer dans le monde, et quelle nouvelle robe va revêtir la nature, si le masque de la colère s'est posé sur le visage auguste et paisible du vieux Philippe? O mon père! quelles sont ces plaintes? pour qui répands-tu sur la terre les joyaux les plus précieux qu'il y ait sous le soleil, les larmes d'un homme sans peur et sans reproche?

PHILIPPE.

Il faut nous délivrer des Médicis, Lorenzo. Tu es un Médicis toi-même, mais seulement par ton nom; si je t'ai bien connu, si la hideuse comédie que tu joues m'a trouvé impassible et fidèle spectateur, que l'homme sorte de l'histrion. Si tu as jamais été quelque chose d'honnête, sois-le aujourd'hui. Pierre et Thomas sont en prison.

LORENZO.

Oui, oui, je sais cela.

PHILIPPE.

Est-ce là ta réponse? Est-ce là ton visage, homme sans épée?

LORENZO.

Que veux-tu? dis-le, et tu auras alors ma réponse.

PHILIPPE.

Agir! Comment? je n'en sais rien. Quel moyen employer, quel levier mettre sous cette citadelle de mort, pour la soulever et la pousser dans le fleuve? Quoi faire, que résoudre, quels hommes aller trouver? je ne puis le savoir encore. Mais agir, agir, agir! O Lorenzo! le temps est venu. N'es-tu pas diffamé, traité de chien et de sans cœur? Si je t'ai tenu en dépit de tout ma porte ouverte, ma main ouverte, mon cœur ouvert, parle, et que je voie si je me suis trompé. Ne m'as-tu pas parlé d'un homme qui s'appelle aussi Lorenzo, et qui se cache derrière le Lorenzo que voilà? Cet homme n'aime-t-il pas sa patrie, n'est-il pas dévoué à ses amis? Tu le disais, et je l'ai cru. Parle, parle, le temps est venu.

LORENZO.

Si je ne suis pas tel que vous le désirez, que le soleil me tombe sur la tête!

PHILIPPE.

Ami, rire d'un vieillard désespéré, cela porte malheur; si tu dis vrai, à l'action! J'ai de toi des promesses qui engageraient Dieu lui-même, et c'est sur ces promesses que je t'ai reçu. Le rôle que tu joues est un rôle de boue et de lèpre, tel que l'enfant prodigue ne l'aurait pas joué dans un jour de démence, et cependant je t'ai reçu. Quand les pierres criaient à ton passage, quand chacun de tes pas faisait jaillir des mares de sang humain, je t'ai appelé du nom sacré d'ami, je me suis fait sourd pour te croire, aveugle pour t'aimer ; j'ai laissé l'ombre de ta mauvaise réputation passer sur mon honneur, et mes enfants ont douté de moi en trouvant sur ma main la trace hideuse du contact de la tienne. Sois honnête, car je l'ai été ; agis, car tu es jeune, et je suis vieux.

LORENZO.

Pierre et Thomas sont en prison ; est-ce là tout ?

PHILIPPE.

O ciel et terre ! oui, c'est là tout. Presque rien, deux enfants de mes entrailles qui vont s'asseoir au banc des voleurs. Deux têtes que j'ai baisées autant de fois que j'ai de cheveux gris, et que je vais trouver demain matin clouées sur la porte de la forteresse ; oui, c'est là tout, rien de plus, en vérité.

LORENZO.

Ne me parle pas sur ce ton : je suis rongé d'une tristesse auprès de laquelle la nuit la plus sombre est une lumière éblouissante.

Il s'assoit près de Philippe.

PHILIPPE.

Que je laisse mourir mes enfants, cela est impossible, vois-tu ! On m'arracherait les bras et les jambes, que, comme le serpent, les morceaux mutilés de Philippe se rejoindraient encore et se lèveraient pour la vengeance. Je connais si bien tout cela! Les Huit! un tribunal d'hommes de marbre! une forêt de spectres, sur laquelle passe de temps en temps le vent lugubre du doute qui les agite pendant une minute, pour se résoudre en un mot sans appel. Un mot, un mot, ô conscience! Ces hommes-là mangent, ils dorment, ils ont des femmes et des filles! Ah! qu'ils tuent et qu'ils égorgent, mais pas mes enfants, pas mes enfants!

LORENZO.

Pierre est un homme : il parlera, et il sera mis en liberté.

PHILIPPE.

O mon Pierre, mon premier-né!

LORENZO.

Rentrez chez vous, tenez-vous tranquille; ou faites mieux, quittez Florence. Je vous réponds de tout si vous quittez Florence.

PHILIPPE.

Moi un banni! moi dans un lit d'auberge à mon heure dernière! O Dieu! tout cela pour une parole d'un Salviati!

LORENZO.

Sachez-le, Salviati voulait séduire votre fille, mais non pas pour lui seul. Alexandre a un pied dans le lit de cet homme; il y exerce le droit du seigneur sur la prostitution.

PHILIPPE.

Et nous n'agirons pas! O Lorenzo, Lorenzo! tu es un homme ferme, toi; parle-moi, je suis faible et mon cœur est trop intéressé dans tout cela. Je m'épuise, vois-tu! J'ai trop réfléchi ici-bas; j'ai trop tourné sur moi-même, comme un cheval de pressoir; je ne vaux plus rien pour la bataille. Dis-moi ce que tu penses; je le ferai.

LORENZO.

Rentrez chez vous, mon bon monsieur.

PHILIPPE.

Voilà qui est certain, je vais aller chez les Pazzi; là sont cinquante jeunes gens tous déterminés. Ils ont juré d'agir; je leur parlerai noblement, comme un Strozzi et comme un père, et ils m'entendront. Ce soir, j'inviterai à souper les quarante membres de ma famille; je leur raconterai ce qui m'arrive. Nous verrons, nous verrons! rien n'est encore fait. Que les Médicis prennent garde à eux! Adieu, je vais chez les Pazzi; aussi bien, j'y allais avec Pierre, quand on l'a arrêté.

LORENZO.

Il y a plusieurs démons, Philippe; celui qui te tente en ce moment n'est pas le moins à craindre de tous.

PHILIPPE.

Que veux-tu dire?

LORENZO.

Prends-y garde, c'est un démon plus beau que Gabriel : la liberté, la patrie, le bonheur des hommes, tous ces mots résonnent à son approche comme les cordes d'une lyre; c'est le bruit des écailles d'argent de ses ailes flamboyantes. Les larmes de ses yeux fécondent la terre, et il tient à la main la palme des martyrs. Ses paroles épurent l'air autour de ses lèvres; son vol est si rapide que nul ne peut dire où il va. Prends-y garde! une fois dans ma vie je l'ai vu traverser les cieux. J'étais courbé sur mes livres; le toucher de sa main a fait frémir mes cheveux comme une plume légère. Que je l'aie écouté ou non, n'en parlons pas.

PHILIPPE.

Je ne te comprends qu'avec peine, et je ne sais pourquoi j'ai peur de te comprendre.

LORENZO.

N'avez-vous dans la tête que cela : délivrer vos fils? Mettez la main sur la conscience; quelque autre pensée plus vaste, plus terrible, ne vous entraîne-t-elle pas comme un chariot étourdissant au milieu de cette jeunesse?

PHILIPPE.

Eh bien! oui, que l'injustice faite à ma famille soit le signal de la liberté. Pour moi, et pour tous, j'irai!

LORENZO.

Prends garde à toi, Philippe, tu as pensé au bonheur de l'humanité.

PHILIPPE.

Que veut dire ceci? Es-tu dedans comme dehors une vapeur infecte? Toi qui m'as parlé d'une liqueur précieuse dont tu étais le flacon, est-ce là ce que tu renfermes?

LORENZO.

Je suis en effet précieux pour vous, car je tuerai Alexandre.

PHILIPPE.

Toi?

LORENZO.

Moi, demain ou après-demain. Rentrez chez vous, tâchez de délivrer vos enfants; si vous ne le pouvez pas, laissez-leur subir une légère punition; je sais pertinemment qu'il n'y a pas d'autres dangers pour eux, et je vous répète que d'ici à quelques jours il n'y aura pas plus d'Alexandre de Médicis à Florence qu'il n'y a de soleil à minuit.

PHILIPPE.

Quand cela serait vrai, pourquoi aurais-je tort de penser à la liberté? Ne viendra-t-elle pas quand tu auras fait ton coup, si tu le fais?

LORENZO.

Philippe, Philippe, prends garde à toi. Tu as

soixante ans de vertu sur ta tête grise; c'est un enjeu trop cher pour le jouer aux dés.

PHILIPPE.

Si tu caches sous ces sombres paroles quelque chose que je puisse entendre, parle; tu m'irrites singulièrement.

LORENZO.

Tel que tu me vois, Philippe, j'ai été honnête. J'ai cru à la vertu, à la grandeur humaine, comme un martyr croit à son Dieu. J'ai versé plus de larmes sur la pauvre Italie que Niobé sur ses filles.

PHILIPPE.

Eh bien, Lorenzo?

LORENZO.

Ma jeunesse a été pure comme l'or. Pendant vingt ans de silence, la foudre s'est amoncelée dans ma poitrine; et il faut que je sois réellement une étincelle du tonnerre, car tout à coup, une certaine nuit que j'étais assis dans les ruines du Colisée antique, je ne sais pourquoi je me levai; je tendis vers le ciel mes bras trempés de rosée, et je jurai qu'un des tyrans de ma patrie mourrait de ma main. J'étais un étudiant paisible, et je ne m'occupais alors que des arts et des sciences, et il m'est impossible de dire comment cet étrange serment s'est fait en moi. Peut-être est-ce là ce qu'on éprouve quand on devient amoureux.

PHILIPPE.

J'ai toujours eu confiance en toi, et cependant je crois rêver.

LORENZO.

Et moi aussi. J'étais heureux alors; j'avais le cœur et les mains tranquilles; mon nom m'appelait au trône, et je n'avais qu'à laisser le soleil se lever et se coucher pour voir fleurir autour de moi toutes les espérances humaines. Les hommes ne m'avaient fait ni bien ni mal; mais j'étais bon, et, pour mon malheur éternel, j'ai voulu être grand. Il faut que je l'avoue : si la Providence m'a poussé à la résolution de tuer un tyran, quel qu'il fût, l'orgueil m'y a poussé aussi. Que te dirais-je de plus? Tous les Césars du monde me faisaient penser à Brutus.

PHILIPPE.

L'orgueil de la vertu est un noble orgueil. Pourquoi t'en défendrais-tu?

LORENZO.

Tu ne sauras jamais, à moins d'être fou, de quelle nature est la pensée qui m'a travaillé. Pour comprendre l'exaltation fiévreuse qui a enfanté en moi le Lorenzo qui te parle, il faudrait que mon cerveau et mes entrailles fussent à nu sous un scalpel. Une statue qui descendrait de son piédestal pour marcher parmi les hommes sur la place publique serait peut-être semblable à ce que j'ai été le jour où j'ai commencé à vivre avec cette idée : il faut que je sois un Brutus.

PHILIPPE.

Tu m'étonnes de plus en plus.

LORENZO.

J'ai voulu d'abord tuer Clément VII; je n'ai pu le faire parce qu'on m'a banni de Rome avant le temps. J'ai recommencé mon ouvrage avec Alexandre. Je voulais agir seul, sans le secours d'aucun homme. Je travaillais pour l'humanité; mais mon orgueil restait solitaire au milieu de tous mes rêves philanthropiques. Il fallait donc entamer par la ruse un combat singulier avec mon ennemi. Je ne voulais pas soulever les masses, ni conquérir la gloire bavarde d'un paralytique comme Cicéron : je voulais arriver à l'homme, me prendre corps à corps avec la tyrannie vivante, la tuer, et après cela porter mon épée sanglante sur la tribune, et laisser la fumée du sang d'Alexandre monter au nez des harangueurs, pour réchauffer leur cervelle ampoulée.

PHILIPPE.

Quelle tête de fer as-tu, ami! quelle tête de fer!

LORENZO.

La tâche que je m'imposais était rude avec Alexandre. Florence était, comme aujourd'hui, noyée de vin et de sang. L'empereur et le pape avaient fait un duc d'un garçon boucher. Pour plaire à mon cousin, il fallait arriver à lui porté par les larmes des familles; pour devenir son ami et acquérir sa confiance, il fallait baiser sur ses lèvres épaisses tous les restes de ses orgies. J'étais pur comme un lis, et cependant je n'ai pas reculé devant cette tâche. Ce que je suis devenu à cause de cela, n'en parlons pas. Tu dois comprendre ce que j'ai souffert, et il y a des blessures dont on ne lève pas l'appareil impunément. Je suis devenu vicieux, lâche, un objet de honte et d'opprobre; qu'importe? ce n'est pas de cela qu'il s'agit.

PHILIPPE.

Tu baisses la tête; tes yeux sont humides.

LORENZO.

Non, je ne rougis point; les masques de plâtre n'ont point de rougeur au service de la honte. J'ai fait ce que j'ai fait. Tu sauras seulement que j'ai réussi dans mon entreprise. Alexandre viendra bientôt dans un certain lieu d'où il ne sortira pas debout. Je suis au terme de ma peine, et sois certain, Philippe, que le buffle sauvage, quand le bouvier l'abat sur l'herbe, n'est pas entouré de plus de filets, de plus de nœuds coulants, que je n'en ai tissu autour de mon bâtard. Ce cœur, jusques auquel une armée ne serait pas parvenue en un an, il est maintenant à nu sous ma main; je n'ai qu'à laisser tomber mon stylet pour qu'il y entre. Tout sera fait. Maintenant, sais-tu ce qui m'arrive, et ce dont je veux t'avertir?

PHILIPPE.
Tu es notre Brutus si tu dis vrai.

LORENZO.
Je me suis cru un Brutus, mon pauvre Philippe ; je me suis souvenu du bâton d'or couvert d'écorce. Maintenant je connais les hommes, et je te conseille de ne pas t'en mêler.

PHILIPPE.
Pourquoi?

LORENZO.
Ah! vous avez vécu tout seul, Philippe. Pareil à un fanal éclatant, vous êtes resté immobile au bord de l'océan des hommes, et vous avez regardé dans les eaux la réflexion de votre propre lumière ; du fond de votre solitude, vous trouviez l'océan magnifique sous le dais splendide des cieux ; vous ne comptiez pas chaque flot, vous ne jetiez pas la sonde ; vous étiez plein de confiance dans l'ouvrage de Dieu. Mais moi, pendant ce temps-là, j'ai plongé ; je me suis enfoncé dans cette mer houleuse de la vie ; j'en ai parcouru toutes les profondeurs, couvert de ma cloche de verre ; tandis que vous admiriez la surface, j'ai vu les débris des naufrages, les ossements et les Léviathans.

PHILIPPE.
Ta tristesse me fend le cœur.

LORENZO.
C'est parce que je vous vois tel que j'ai été, et

sur le point de faire ce que j'ai fait, que je vous parle ainsi. Je ne méprise point les hommes ; le tort des livres et des historiens est de nous les montrer différents de ce qu'ils sont. La vie est comme une cité, on peut y rester cinquante ou soixante ans sans voir autre chose que des promenades et des palais ; mais il ne faut pas entrer dans les tripots, ni s'arrêter, en rentrant chez soi, aux fenêtres des mauvais quartiers. Voilà mon avis, Philippe : s'il s'agit de sauver tes enfants, je te dis de rester tranquille, c'est le meilleur moyen pour qu'on te les renvoie après une petite semonce ; s'il s'agit de tenter quelque chose pour les hommes, je te conseille de te couper les bras, car tu ne seras pas longtemps à t'apercevoir qu'il n'y a que toi qui en aies.

PHILIPPE.

Je conçois que le rôle que tu joues t'ait donné de pareilles idées. Si je te comprends bien, tu as pris, dans un but sublime, une route hideuse, et tu crois que tout ressemble à ce que tu as vu.

LORENZO.

Je me suis réveillé de mes rêves, rien de plus. Je te dis le danger d'en faire. Je connais la vie, et c'est une vilaine cuisine, sois-en persuadé. Ne mets pas la main là dedans, si tu respectes quelque chose.

PHILIPPE.

Arrête ; ne brise pas comme un roseau mon

bâton de vieillesse. Je crois à tout ce que tu appelles des rêves; je crois à la vertu, à la pudeur et à la liberté.

LORENZO.

Et me voilà dans la rue, moi, Lorenzaccio! et les enfants ne me jettent pas de la boue! Les lits des filles sont encore chauds de ma sueur, et les pères ne prennent pas, quand je passe, leurs couteaux et leurs balais pour m'assommer! Au fond de ces dix mille maisons que voilà, la septième génération parlera encore de la nuit où j'y suis entré, et pas une ne vomit à ma vue un valet de charrue qui me fende en deux comme une bûche pourrie! L'air que vous respirez, Philippe, je le respire; mon manteau de soie bariolé traîne paresseusement sur le sable fin des promenades; pas une goutte de poison ne tombe dans mon chocolat; que dis-je? ô Philippe! les mères pauvres soulèvent honteusement le voile de leurs filles quand je m'arrête au seuil de leurs portes; elles me laissent voir leur beauté avec un sourire plus vil que le baiser de Judas, tandis que moi, pinçant le menton de la petite, je serre les poings de rage en remuant dans ma poche quatre ou cinq méchantes pièces d'or.

PHILIPPE.

Que le tentateur ne méprise pas le faible; pourquoi tenter lorsque l'on doute?

LORENZO.

Suis-je un Satan? Lumière du ciel! je m'en souviens encore, j'aurais pleuré avec la première fille que j'ai séduite si elle ne s'était mise à rire. Quand j'ai commencé à jouer mon rôle de Brutus moderne, je marchais dans mes habits neufs de la grande confrérie du vice comme un enfant de dix ans dans l'armure d'un géant de la Fable. Je croyais que la corruption était un stigmate, et que les monstres seuls le portaient au front. J'avais commencé à dire tout haut que mes vingt années de vertu étaient un masque étouffant; ô Philippe! j'entrai alors dans la vie, et je vis qu'à mon approche tout le monde en faisait autant que moi; tous les masques tombaient devant mon regard; l'humanité souleva sa robe, et me montra, comme à un adepte digne d'elle, sa monstrueuse nudité. J'ai vu les hommes tels qu'ils sont, et je me suis dit : « Pour qui est-ce donc que je travaille? » Lorsque je parcourais les rues de Florence, avec mon fantôme à mes côtés, je regardais autour de moi, je cherchais les visages qui me donnaient du cœur, et je me demandais : « Quand j'aurai fait mon coup, celui-là en profitera-t-il? » J'ai vu les républicains dans leurs cabinets; je suis entré dans les boutiques; j'ai écouté et j'ai guetté. J'ai recueilli les discours des gens du peuple; j'ai vu l'effet que produisait sur eux la tyrannie; j'ai bu dans les banquets patriotiques le vin qui engendre la métaphore et la prosopopée; j'ai avalé entre deux baisers les larmes les plus vertueuses; j'attendais toujours que l'humanité me laissât voir sur sa face quelque chose d'honnête. J'observais comme un amant observe sa fiancée en attendant le jour des noces.

PHILIPPE.

Si tu n'as vu que le mal, je te plains; mais je ne puis te croire. Le mal existe, mais non pas sans le bien; comme l'ombre existe, mais non sans la lumière.

LORENZO.

Tu ne veux voir en moi qu'un mépriseur d'hommes : c'est me faire injure. Je sais parfaitement qu'il y en a de bons; mais à quoi servent-ils? que font-ils? comment agissent-ils? Qu'importe que la conscience soit vivante, si le bras est mort? Il y a de certains côtés par où tout devient bon : un chien est un ami fidèle; on peut trouver en lui le meilleur des serviteurs, comme on peut voir aussi qu'il se roule sur les cadavres, et que la langue avec laquelle il lèche son maître sent la charogne d'une lieue. Tout ce que j'ai à voir, moi, c'est que je suis perdu, et que les hommes n'en profiteront pas plus qu'ils ne me comprendront.

PHILIPPE.

Pauvre enfant, tu me navres le cœur! Mais, si tu es honnête, quand tu auras délivré ta patrie, tu le redeviendras. Cela réjouit mon vieux cœur, Lorenzo, de penser que tu es honnête ; alors tu jetteras ce déguisement hideux qui te défigure, et tu redeviendras d'un métal aussi pur que les statues de bronze d'Harmodius et d'Aristogiton.

LORENZO.

Philippe, Philippe, j'ai été honnête. La main qui a soulevé une fois le voile de la vérité ne peut plus le laisser retomber ; elle reste immobile jusqu'à la mort, tenant toujours ce voile terrible, et l'élevant de plus en plus au-dessus de la tête de l'homme, jusqu'à ce que l'ange du sommeil éternel lui bouche les yeux.

PHILIPPE.

Toutes les maladies se guérissent ; et le vice est une maladie aussi.

LORENZO.

Il est trop tard. Je me suis fait à mon métier. Le vice a été pour moi un vêtement ; maintenant il est collé à ma peau. Je suis vraiment un ruffian, et, quand je plaisante sur mes pareils, je me sens sérieux comme la mort au milieu de ma gaieté. Brutus a fait le fou pour tuer Tarquin, et ce qui m'étonne en lui, c'est qu'il n'y ait pas laissé sa raison. Profite de moi, Philippe, voilà ce que j'ai à te dire : ne travaille pas pour ta patrie.

PHILIPPE.

Si je te croyais, il me semble que le ciel s'obscurcirait pour toujours, et que ma vieillesse serait condamnée à marcher à tâtons. Que tu aies pris une route dangereuse, cela peut être ; pourquoi ne pourrais-je en prendre une autre qui me mènerait au même point ? Mon intention est d'en appeler au peuple, et d'agir ouvertement.

LORENZO.

Prends garde à toi, Philippe ; celui qui te le dit sait pourquoi il le dit. Prends le chemin que tu voudras, tu auras toujours affaire aux hommes.

PHILIPPE.

Je crois à l'honnêteté des républicains.

LORENZO.

Je te fais une gageure. Je vais tuer Alexandre ! Une fois mon coup fait, si les républicains se comportent comme ils le doivent, il leur sera facile d'établir une république, la plus belle qui ait jamais fleuri sur la terre. Qu'ils aient pour eux le peuple, et tout est dit. Je te gage que ni eux ni le peuple ne feront rien. Tout ce que je te demande, c'est de ne pas t'en mêler ; parle, si tu le veux, mais prends garde à tes paroles, et encore plus à tes actions. Laisse-moi faire mon coup : tu as les mains pures, et moi je n'ai rien à perdre.

PHILIPPE.

Fais-le, et tu verras.

LORENZO.

Soit, — mais souviens-toi de ceci. Vois-tu dans cette petite maison cette famille assemblée autour d'une table ? Ne dirait-on pas des hommes ? Ils ont un corps, et une âme dans ce corps. Cependant, s'il me prenait envie d'entrer chez eux, tout seul, comme me voilà, et de poignarder leur fils aîné au milieu d'eux, il n'y aurait pas un couteau de levé sur moi.

PHILIPPE.

Tu me fais horreur. Comment le cœur peut-il rester grand avec des mains comme les tiennes?

LORENZO.

Viens, rentrons à ton palais, et tâchons de délivrer tes enfants.

PHILIPPE.

Mais pourquoi tueras-tu le duc, si tu as des idées pareilles?

LORENZO.

Pourquoi? tu le demandes?

PHILIPPE.

Si tu crois que c'est un meurtre inutile à ta patrie, comment le commets-tu?

LORENZO.

Tu me demandes cela en face? Regarde-moi un peu. J'ai été beau, tranquille et vertueux.

PHILIPPE.

Quel abîme! quel abîme tu m'ouvres!

LORENZO.

Tu me demandes pourquoi je tue Alexandre? Veux-tu donc que je m'empoisonne, ou que je saute dans l'Arno? veux-tu donc que je sois un spectre, et qu'en frappant sur ce squelette (Il frappe sa poitrine) il n'en sorte aucun son? Si je suis l'ombre de moi-même, veux-tu donc que je m'arrache le seul fil qui rattache aujourd'hui mon cœur à quelques fibres de mon cœur d'autrefois? Songes-tu que ce meurtre, c'est tout ce qui me reste de ma vertu? Songes-tu que je glisse depuis deux ans sur un mur taillé à pic, et que ce meurtre est le seul brin d'herbe où j'aie pu cramponner mes ongles? Crois-tu donc que je n'aie plus d'orgueil, parce que je n'ai plus de honte? et veux-tu que je laisse mourir en silence l'énigme de ma vie? Oui, cela est certain, si je pouvais revenir à la vertu, si mon apprentissage de vice pouvait s'évanouir, j'épargnerais peut-être ce conducteur de bœufs. Mais j'aime le vin, le jeu et les filles; comprends-tu cela? Si tu honores en moi quelque chose, toi qui me parles, c'est mon meurtre que tu honores, peut-être justement parce que tu ne le ferais pas. Voilà assez longtemps, vois-tu, que les républicains me couvrent de boue et d'infamie; voilà assez longtemps que les oreilles me tintent, et que l'exécration des hommes empoisonne le pain que je mâche. J'en ai assez de me voir conspué par des lâches sans nom, qui m'accablent d'injures pour se dispenser de m'assommer, comme ils le devraient. J'en ai assez d'entendre brailler en plein vent le bavardage humain; il faut que le monde sache un peu qui je suis et qui il est. Dieu merci! c'est peut-être demain que je tue Alexandre; dans deux jours j'aurai fini. Ceux qui tournent autour de moi avec des yeux louches, comme autour d'une curiosité monstrueuse apportée d'Amérique, pourront satisfaire leur gosier et vider leur sac à paroles. Que les hommes me comprennent ou non, qu'ils agissent ou n'agissent pas, j'aurai dit tout ce que j'ai à dire; je leur ferai tailler leur plume, si je ne leur fais pas nettoyer leurs piques, et l'humanité gardera sur sa joue le soufflet de mon épée marqué en traits de sang. Qu'ils m'appellent comme ils voudront, Brutus ou Érostrate, il ne me plaît pas qu'ils m'oublient. Ma vie entière est au bout de ma dague, et, que la Providence retourne ou non la tête en m'entendant frapper, je jette la nature humaine à pile ou face sur la tombe d'Alexandre; dans deux jours les hommes comparaîtront devant le tribunal de ma volonté.

PHILIPPE.

Tout cela m'étonne, et il y a dans tout ce que tu m'as dit des choses qui me font peine, et d'autres qui me font plaisir. Mais Pierre et Thomas sont en prison, et je ne saurais là-dessus m'en fier à personne qu'à moi-même. C'est en vain que ma colère voudrait ronger son frein; mes entrailles sont émues trop vivement : tu peux avoir raison, mais il faut que j'agisse; je vais rassembler mes parents.

LORENZO.

Comme tu voudras; mais prends garde à toi. Garde-moi le secret, même avec tes amis, c'est tout ce que je demande.

Ils sortent.

SCÈNE IV

Au palais Soderini.

Entre CATHERINE, lisant un billet.

Lorenzo a dû vous parler de moi ; mais qui pourrait vous parler dignement d'un amour pareil au mien? Que ma plume vous apprenne ce que ma bouche ne peut vous dire et ce que mon cœur voudrait signer de son sang.

ALEXANDRE DE MÉDICIS.

Si mon nom n'était pas sur l'adresse, je croirais que le messager s'est trompé, et ce que je lis me fait douter de mes yeux.

Entre Marie.

O ma mère chérie! voyez ce qu'on m'écrit; expliquez-moi, si vous pouvez, ce mystère.

MARIE.

Malheureuse, malheureuse! il t'aime? Où t'a-t-il vue? où lui as-tu parlé?

CATHERINE.

Nulle part; un messager m'a apporté cela comme je sortais de l'église.

MARIE.

Lorenzo, dit-il, a dû te parler de lui? Ah! Catherine, avoir un fils pareil! Oui, faire de la sœur de sa mère la maîtresse du duc, non pas même la maîtresse, ô ma fille! Quels noms portent ces créatures! je ne puis le dire; oui, il manquait cela à Lorenzo. Viens, je veux lui porter cette lettre ouverte, et savoir devant Dieu comment il répondra.

CATHERINE.

Je croyais que le duc aimait... pardon, ma mère, mais je croyais que le duc aimait la marquise de Cibo ; on me l'avait dit...

MARIE.

Cela est vrai, il l'a aimée, s'il peut aimer.

CATHERINE.

Il ne l'aime plus? Ah! comment peut-on offrir sans honte un cœur pareil? Venez, ma mère, venez chez Lorenzo.

MARIE.

Donne-moi ton bras. Je ne sais ce que j'éprouve depuis quelques jours; j'ai eu la fièvre toutes les nuits : il est vrai que depuis trois mois elle ne me quitte guère. J'ai trop souffert, ma pauvre Catherine; pourquoi m'as-tu lu cette lettre? je ne puis plus rien supporter. Je ne suis plus jeune, et cependant il me semble que je le redeviendrais à certaines conditions; mais tout ce que je vois m'entraîne vers la tombe. Allons! soutiens-moi, pauvre enfant; je ne te donnerai pas longtemps cette peine.

Elles sortent.

SCÈNE V

Chez la marquise.

LA MARQUISE, parée, devant un miroir.

Quand je pense que cela est, cela me fait l'effet d'une nouvelle qu'on m'apprendrait tout à coup. Quel précipice que la vie! Comment! il est déjà neuf heures, et c'est le duc que j'attends dans cette toilette! Qu'il en soit ce qu'il pourra, je veux essayer mon pouvoir.

Entre le cardinal.

LE CARDINAL.

Quelle parure, marquise! voilà des fleurs qui embaument.

LA MARQUISE.

Je ne puis vous recevoir, cardinal; j'attends une amie : vous m'excuserez.

LE CARDINAL.

Je vous laisse, je vous laisse. Ce boudoir dont

j'aperçois la porte entr'ouverte là-bas, c'est un petit paradis. Irai-je vous y attendre ?
LA MARQUISE.
Je suis pressée, pardonnez-moi. Non, pas dans mon boudoir ; où vous voudrez.
LE CARDINAL.
Je reviendrai dans un moment plus favorable.

Il sort.
LA MARQUISE.
Pourquoi toujours le visage de ce prêtre ? Quels cercles décrit donc autour de moi ce vautour à tête chauve, pour que je le trouve sans cesse derrière moi quand je me retourne ? Est-ce que l'heure de ma mort serait proche ?

Entre un page, qui lui parle à l'oreille.

C'est bon, j'y vais. Ah ! ce métier de servante, tu n'y es pas fait, pauvre cœur orgueilleux.

Elle sort.

SCÈNE VI

Le boudoir de la marquise.

LA MARQUISE, LE DUC.

LA MARQUISE.
C'est ma façon de penser ; je t'aimerais ainsi.
LE DUC.
Des mots, des mots, et rien de plus.

LA MARQUISE.

Vous autres hommes, cela est si peu pour vous! Sacrifier le repos de ses jours, la sainte chasteté de l'honneur! quelquefois ses enfants même; ne vivre que pour un seul être au monde; se donner, enfin, se donner, puisque cela s'appelle ainsi! Mais cela n'en vaut pas la peine; à quoi bon écouter une femme? Une femme qui parle d'autre chose que de chiffons et de libertinage, cela ne se voit pas.

LE DUC.

Vous rêvez tout éveillée.

LA MARQUISE.

Oui, par le Ciel! oui, j'ai fait un rêve; hélas! les rois seuls n'en font jamais : toutes les chimères de leurs caprices se transforment en réalités, et leurs cauchemars eux-mêmes se changent en marbre. Alexandre! Alexandre! quel mot que celui-là : « Je peux si je veux! » Ah! Dieu lui-même n'en sait pas plus; devant ce mot, les mains des peuples se joignent dans une prière craintive, et le pâle troupeau des hommes retient son haleine pour écouter.

LE DUC.

N'en parlons plus, ma chère, cela est fatigant.

LA MARQUISE.

Être un roi, sais-tu ce que c'est! Avoir au bout de son bras cent mille mains! Être le rayon du soleil qui sèche les larmes des hommes! Être le bonheur et le malheur! Ah! quel frisson mortel cela donne! Comme il tremblerait, ce vieux du Vatican, si tu ouvrais tes ailes, toi, mon aiglon! César est si loin! la garnison t'est si dévouée! Et, d'ailleurs, on égorge une armée, et l'on n'égorge pas un peuple. Le jour où tu auras pour toi la nation tout entière, où tu seras la tête d'un corps libre, où tu diras : « Comme le doge de Venise épouse l'Adriatique, ainsi je mets mon anneau d'or au doigt de ma belle Florence, et ses enfants sont mes enfants... » Ah! sais-tu ce que c'est qu'un peuple qui prend son bienfaiteur dans ses bras? Sais-tu ce que c'est que d'être porté comme un nourrisson chéri par le vaste océan des hommes? Sais-tu ce que c'est que d'être montré par un père à son enfant?

LE DUC.

Je me soucie de l'impôt; pourvu qu'on le paye, que m'importe?

LA MARQUISE.

Mais enfin on t'assassinera. — Les pavés sortiront de terre et t'écraseront. Ah! la postérité! N'as-tu jamais vu ce spectre-là au chevet de ton lit? Ne t'es-tu jamais demandé ce que penseront de toi ceux qui sont dans le ventre des vivants? Et tu vis, toi, il est encore temps! tu n'as qu'un mot à dire. Te souviens-tu du père de la patrie? Va, cela est facile d'être un grand roi quand on est roi. Déclare Florence indépendante; réclame l'exécution du traité avec l'empire; tire ton épée et montre-la : ils te diront de la remettre au fourreau, que ses éclairs leur font mal aux yeux. Songe donc comme tu es jeune! Rien n'est décidé sur ton compte. — Il y a dans le cœur des peuples de larges indulgences pour les princes, et la reconnaissance publique est un profond fleuve d'oubli pour leurs fautes passées. On t'a mal conseillé, on t'a trompé. — Mais il est encore temps, tu n'as qu'à dire; tant que tu es vivant, la page n'est pas tournée dans le livre de Dieu.

LE DUC.

Assez, ma chère, assez.

LA MARQUISE.

Ah! quand elle le sera! quand un misérable jardinier, payé à la journée, viendra arroser à contre-cœur quelques chétives marguerites autour du tombeau d'Alexandre; quand les pauvres respireront gaiement l'air du ciel, et n'y verront plus planer le sombre météore de ta puissance; — quand ils parleront de toi en secouant la tête; — quand ils compteront autour de ta tombe les tombes de leurs parents, — es-tu sûr de dormir tranquille dans ton dernier sommeil? — Toi qui ne vas pas à la messe, et qui ne tiens qu'à l'impôt, es-tu sûr que l'éternité soit sourde, et qu'il n'y ait pas un écho de la vie dans le séjour hideux des trépassés? Sais-tu où vont les larmes des peuples quand le vent les emporte?

LE DUC.

Tu as une jolie jambe.

LA MARQUISE.

Écoute-moi : tu es étourdi, je le sais; mais tu n'es pas méchant; non, sur Dieu, tu ne l'es pas, tu ne peux pas l'être. Voyons! fais-toi violence; réfléchis un instant, un seul instant, à ce que je te dis. N'y a-t-il rien dans tout cela? Suis-je décidément une folle?

LE DUC.

Tout cela me passe bien par la tête; mais qu'est-ce que je fais donc de si mal? Je vaux bien mes voisins; je vaux, ma foi, mieux que le pape. Tu me fais penser aux Strozzi avec tous tes discours; — et tu sais que je les déteste. Tu veux que je me révolte contre César; César est mon beau-père, ma chère amie. Tu te figures que les Florentins ne m'aiment pas; je suis sûr qu'ils m'aiment, moi. Eh! parbleu! quand tu aurais raison, de qui veux-tu que j'aie peur?

LA MARQUISE.

Tu n'as pas peur de ton peuple, — mais tu as peur de l'empereur; tu as tué ou déshonoré des centaines de citoyens, et tu crois avoir tout fait quand tu mets une cotte de mailles sous ton habit!

LE DUC.

Paix! point de ceci.

LA MARQUISE.

Ah! je m'emporte, je dis ce que je ne veux pas dire. Mon ami, qui ne sait pas que tu es brave? Tu es brave comme tu es beau ; ce que tu as fait de mal, c'est ta jeunesse, c'est ta tête, — que sais-je, moi? c'est le sang qui coule violemment dans ces veines brûlantes, c'est ce soleil étouffant qui nous pèse. — Je t'en supplie, que je ne sois pas perdue sans ressource ; que mon nom, que mon pauvre amour pour toi ne soit pas inscrit sur une liste infâme. Je suis une femme, c'est vrai, et, si la beauté est tout pour les femmes, bien d'autres valent mieux que moi. Mais n'as-tu rien, dis-moi, — dis-moi donc, toi! voyons! n'as-tu donc rien, rien là?

Elle lui frappe le cœur.

LE DUC.

Quel démon! Assois-toi donc là, ma petite.

LA MARQUISE.

Eh bien! oui, je veux bien l'avouer : oui, j'ai de l'ambition, non pas pour moi; — mais pour toi! toi et ma chère Florence! O Dieu! tu m'es témoin de ce que je souffre.

LE DUC.

Tu souffres! qu'est-ce que tu as?

LA MARQUISE.

Non, je ne souffre pas. Écoute! écoute! Je vois

que tu t'ennuies auprès de moi. Tu comptes les moments, tu détournes la tête ; ne t'en va pas encore : c'est peut-être la dernière fois que je te vois. Écoute ! je te dis que Florence t'appelle sa peste nouvelle, et qu'il n'y a pas une chaumière où ton portrait ne soit collé sur les murailles avec un coup de couteau dans le cœur. Que je sois folle, que tu me haïsses demain, que m'importe ? tu sauras cela !

LE DUC.

Malheur à toi si tu joues avec ma colère !

LA MARQUISE.

Oui, malheur à moi ! malheur à moi !

LE DUC.

Une autre fois, — demain matin, si tu veux, — nous pourrons nous revoir et parler de cela. Ne te fâche pas si je te quitte à présent : il faut que j'aille à la chasse.

LA MARQUISE.

Oui, malheur à moi ! malheur à moi !

LE DUC.

Pourquoi ? Tu as l'air sombre comme l'enfer. Pourquoi diable aussi te mêles-tu de politique ? Allons, allons ! ton petit rôle de femme, et de vraie femme, te va si bien ! Tu es trop dévote ; cela se formera. Aide-moi donc à remettre mon habit ; je suis tout débraillé.

LA MARQUISE.

Adieu, Alexandre.

<small>Le duc l'embrasse. — Entre le cardinal Cibo.</small>

LE CARDINAL.

Ah! — Pardon, Altesse, je croyais ma sœur toute seule. Je suis un maladroit; c'est à moi d'en porter la peine. Je vous supplie de m'excuser.

LE DUC.

Comment l'entendez-vous? Allons donc! Malaspina, voilà qui sent le prêtre. Est-ce que vous devez voir ces choses-là? Venez donc, venez donc; que diable est-ce que cela vous fait?

<small>Ils sortent ensemble.</small>

LA MARQUISE, seule, tenant le portrait de son mari.

Où es-tu maintenant, Laurent? Il est midi passé; tu te promènes sur la terrasse, devant les grands marronniers. Autour de toi paissent tes génisses grasses; tes garçons de ferme dînent à l'ombre; la pelouse soulève son manteau blanchâtre aux rayons du soleil; les arbres, entretenus par tes soins, murmurent religieusement sur la tête blanche de leur vieux maître, tandis que l'écho de nos longues arcades répète avec respect le bruit de ton pas tranquille. O mon Laurent! j'ai perdu le trésor de ton honneur; j'ai voué au ridicule et au doute les dernières années de ta noble vie; tu ne presseras plus sur ta cuirasse un cœur digne du tien, ce sera une main tremblante qui t'apportera ton repas du soir quand tu rentreras de la chasse.

SCÈNE VII

Chez les Strozzi.

LES QUARANTE STROZZI, à souper.

PHILIPPE.
Mes enfants, mettons-nous à table.
LES CONVIVES.
Pourquoi reste-t-il deux sièges vides?
PHILIPPE.
Pierre et Thomas sont en prison.
LES CONVIVES.
Pourquoi?
PHILIPPE.
Parce que Salviati a insulté ma fille, que voilà, à la foire de Montolivet, publiquement, et devant son frère Léon. Pierre et Thomas ont tué Salviati, et Alexandre de Médicis les a fait arrêter pour venger la mort de son ruffian.
LES CONVIVES.
Meurent les Médicis!
PHILIPPE.
J'ai rassemblé ma famille pour lui raconter mes chagrins et la prier de me secourir. Soupons, et

sortons ensuite, l'épée à la main, pour redemander mes deux fils, si vous avez du cœur.

LES CONVIVES.

C'est dit ; nous voulons bien.

PHILIPPE.

Il est temps que cela finisse, voyez-vous ; on nous tuerait nos enfants et on déshonorerait nos filles. Il est temps que Florence apprenne à ces bâtards ce que c'est que le droit de vie et de mort. Les Huit n'ont pas le droit de condamner mes enfants ; et moi, je n'y survivrai pas, voyez-vous !

LES CONVIVES.

N'aie pas peur, Philippe, nous sommes là.

PHILIPPE.

Je suis le chef de la famille : comment souffrirais-je qu'on m'insultât ? Nous sommes tout autant que les Médicis, les Ruccellai tout autant, les Aldobrandini et vingt autres. Pourquoi ceux-là pourraient-ils faire égorger nos enfants plutôt que nous les leurs ? Qu'on allume un tonneau de poudre dans les caves de la citadelle, et voilà la garnison allemande en déroute. Que reste-t-il à ces Médicis ? Là est leur force ; hors de là, ils ne sont rien. Sommes-nous des hommes ? Est-ce à dire qu'on abattra d'un coup de hache les familles de Florence, et qu'on arrachera de la terre natale des racines aussi vieilles qu'elle ? C'est par nous qu'on commence, c'est à nous de tenir ferme ; notre premier cri d'alarme, comme le coup de sifflet de l'oiseleur, va rabattre sur Florence une armée tout entière d'aigles chassés du nid; ils ne sont pas loin; ils tournoient autour de la ville, les yeux fixés sur ses clochers. Nous y planterons le drapeau noir de la peste; ils accourront à ce signal de mort. Ce sont les couleurs de la colère céleste. Ce soir, allons d'abord délivrer nos fils; demain nous irons tous ensemble, l'épée nue, à la porte de toutes les grandes familles; il y a à Florence quatre-vingts palais, et de chacun d'eux sortira une troupe pareille à la nôtre quand la liberté y frappera.

LES CONVIVES.

Vive la liberté!

PHILIPPE.

Je prends Dieu à témoin que c'est la violence qui me force à tirer l'épée; que je suis resté durant soixante ans bon et paisible citoyen; que je n'ai jamais fait de mal à qui que ce soit au monde, et que la moitié de ma fortune a été employée à secourir les malheureux.

LES CONVIVES.

C'est vrai.

PHILIPPE.

C'est une juste vengeance qui me pousse à la révolte, et je me fais rebelle parce que Dieu m'a fait père. Je ne suis poussé par aucun motif d'ambition, ni d'intérêt, ni d'orgueil. Ma cause est loyale, honorable et sacrée. Emplissez vos coupes et levez-vous. Notre vengeance est une hostie que nous pouvons briser sans crainte et nous partager devant Dieu. Je bois à la mort des Médicis!

LES CONVIVES, se levant et buvant.

A la mort des Médicis!

LOUISE, posant son verre.

Ah! je vais mourir.

PHILIPPE.

Qu'as-tu, ma fille, mon enfant bien-aimée? qu'as-tu, mon Dieu! que t'arrive-t-il? Mon Dieu, mon Dieu! comme tu pâlis! parle, qu'as-tu? parle à ton père. Au secours, au secours! un médecin! Vite, vite, il n'est plus temps.

LOUISE.

Je vais mourir, je vais mourir.

Elle meurt.

PHILIPPE.

Elle s'en va, mes amis, elle s'en va! un médecin! ma fille est empoisonnée!

Il tombe à genoux près de Louise.

UN CONVIVE.

Coupez son corset! faites-lui boire de l'eau tiède; si c'est du poison, il faut de l'eau tiède.

Les domestiques accourent.

UN AUTRE CONVIVE.

Frappez-lui dans les mains; ouvrez les fenêtres et frappez-lui dans les mains.

Théâtre de Musset. II.

UN AUTRE.

Ce n'est peut-être qu'un étourdissement; elle aura bu avec trop de précipitation.

UN AUTRE.

Pauvre enfant! comme ses traits sont calmes! Elle ne peut pas être morte ainsi tout d'un coup.

PHILIPPE.

Mon enfant! es-tu morte, es-tu morte, Louise, ma fille bien-aimée?

LE PREMIER CONVIVE.

Voilà le médecin qui accourt.

Un médecin entre.

LE SECOND CONVIVE.

Dépêchez-vous, Monsieur; dites-nous si c'est du poison.

PHILIPPE.

C'est un étourdissement, n'est-ce pas?

LE MÉDECIN.

Pauvre jeune fille! elle est morte.

Un profond silence règne dans la salle; Philippe est toujours à genoux auprès de Louise et lui tient les mains.

UN DES CONVIVES.

C'est du poison des Médicis. Ne laissons pas Philippe dans l'état où il est. Cette immobilité est effrayante.

UN AUTRE.

Je suis sûr de ne pas me tromper. Il y avait autour de la table un domestique qui a appartenu à la femme de Salviati.

UN AUTRE.

C'est lui qui a fait le coup, sans aucun doute. Sortons, et arrêtons-le.

Ils sortent.

LE PREMIER CONVIVE.

Philippe ne veut pas répondre à ce qu'on lui dit; il est frappé de la foudre.

UN AUTRE.

C'est horrible! c'est un meurtre inouï!

UN AUTRE.

Cela crie vengeance au ciel : sortons, et allons égorger Alexandre.

UN AUTRE.

Oui, sortons; mort à Alexandre! C'est lui qui a tout ordonné. Insensés que nous sommes! ce n'est pas d'hier que date sa haine contre nous. Nous agissons trop tard.

UN AUTRE.

Salviati n'en voulait pas à cette pauvre Louise pour son propre compte : c'est pour le duc qu'il travaillait. Allons, partons, quand on devrait nous tuer jusqu'au dernier.

PHILIPPE se lève.

Mes amis, vous enterrerez ma pauvre fille, n'est-ce pas (Il met son manteau), dans mon jardin, derrière les figuiers? Adieu, mes bons amis; adieu, portez-vous bien.

UN CONVIVE.

Où vas-tu, Philippe?

PHILIPPE.

J'en ai assez, voyez-vous! j'en ai autant que j'en puis porter. J'ai mes deux fils en prison, et voilà ma fille morte. J'en ai assez, je m'en vais d'ici.

UN CONVIVE.

Tu t'en vas? tu t'en vas sans vengeance?

PHILIPPE.

Oui, oui. Ensevelissez seulement ma pauvre fille, mais ne l'enterrez pas : c'est à moi de l'enterrer; je le ferai à ma façon, chez de pauvres moines que je connais, et qui viendront la chercher demain. A quoi sert-il de la regarder? elle est morte; ainsi cela est inutile. Adieu, mes amis, rentrez chez vous; portez-vous bien.

UN CONVIVE.

Ne le laissez pas sortir, il a perdu la raison.

UN AUTRE.

Quelle horreur! je me sens prêt à m'évanouir dans cette salle.

Il sort.

PHILIPPE.

Ne me faites pas violence; ne m'enfermez pas dans une chambre où est le cadavre de ma fille; laissez-moi m'en aller.

UN CONVIVE.

Venge-toi, Philippe, laisse-nous te venger. Que ta Louise soit notre Lucrèce! Nous ferons boire à Alexandre le reste de son verre.

UN AUTRE.

La nouvelle Lucrèce ! Nous allons jurer sur son corps de mourir pour la liberté ! Rentre chez toi, Philippe, pense à ton pays. Ne rétracte pas tes paroles.

PHILIPPE.

Liberté, vengeance, voyez-vous, tout cela est beau ; j'ai deux fils en prison, et voilà ma fille morte. Si je reste ici, tout va mourir autour de moi. L'important, c'est que je m'en aille, et que vous vous teniez tranquilles. Quand ma porte et mes fenêtres seront fermées, on ne pensera plus aux Strozzi. Si elles restent ouvertes, je m'en vais vous voir tomber tous les uns après les autres. Je suis vieux, voyez-vous, il est temps que je ferme ma boutique. Adieu, mes amis, restez tranquilles ; si je n'y suis plus, on ne vous fera rien. Je m'en vais de ce pas à Venise.

UN CONVIVE.

Il fait un orage épouvantable ; reste ici cette nuit.

PHILIPPE.

N'enterrez pas ma pauvre enfant ; mes vieux moines viendront demain, et ils l'emporteront. Dieu de justice ! Dieu de justice ! que t'ai-je fait ?

Il sort en courant.

ACTE IV

SCÈNE PREMIÈRE

Au palais du duc.

Entrent LE DUC et LORENZO.

LE DUC.

J'aurais voulu être là ; il devait y avoir plus d'une face en colère. Mais je ne conçois pas qui a pu empoisonner cette Louise.

LORENZO.

Ni moi non plus, à moins que ce ne soit vous.

LE DUC.

Philippe doit être furieux ! On dit qu'il est parti pour Venise. Dieu merci, me voilà délivré de ce vieillard insupportable. Quant à la chère famille, elle aura la bonté de se tenir tranquille. Sais-tu qu'ils ont failli faire une petite révolution dans leur quartier ? On m'a tué deux Allemands.

LORENZO.

Ce qui me fâche le plus, c'est que cet honnête

Salviati a une jambe coupée. Avez-vous retrouvé votre cotte de mailles ?

LE DUC.

Non, en vérité ; j'en suis plus mécontent que je ne puis le dire.

LORENZO.

Méfiez-vous de Giomo ; c'est lui qui vous l'a volée. Que portez-vous à la place ?

LE DUC.

Rien ; je ne puis en supporter une autre : il n'y en a pas d'aussi légère que celle-là.

LORENZO.

Cela est fâcheux pour vous.

LE DUC.

Tu ne me parles pas de ta tante.

LORENZO.

C'est par oubli, car elle vous adore : ses yeux ont perdu le repos depuis que l'astre de votre amour s'est levé dans son pauvre cœur. De grâce, Seigneur, ayez quelque pitié pour elle ; dites quand vous voulez la recevoir, et à quelle heure il lui sera loisible de vous sacrifier le peu de vertu qu'elle a.

LE DUC.

Parles-tu sérieusement ?

LORENZO.

Aussi sérieusement que la Mort elle-même. Je voudrais voir qu'une tante à moi ne couchât pas avec vous !

LE DUC.

Où pourrai-je la voir?

LORENZO.

Dans ma chambre, Seigneur; je ferai mettre des rideaux blancs à mon lit et un pot de réséda sur ma table; après quoi je coucherai par écrit sur votre calepin que ma tante sera en chemise à minuit précis, afin que vous ne l'oubliiez pas après souper.

LE DUC.

Je n'en ai garde. Peste! Catherine est un morceau de roi. Eh! dis-moi, habile garçon, tu es vraiment sûr qu'elle viendra? Comment t'y es-tu pris?

LORENZO.

Je vous dirai cela.

LE DUC.

Je m'en vais voir un cheval que je viens d'acheter; adieu et à ce soir. Viens me prendre après souper : nous irons ensemble à ta maison; quant à la Cibo, j'en ai par-dessus les oreilles; hier encore, il a fallu l'avoir sur le dos pendant toute la chasse. Bonsoir, mignon.

Il sort.

LORENZO, seul.

Ainsi, c'est convenu. Ce soir je l'emmène chez moi, et demain les républicains verront ce qu'ils ont à faire, car le duc de Florence sera mort. Il faut que j'avertisse Scoronconcolo. Dépêche-toi, soleil, si tu es curieux des nouvelles que cette nuit te dira demain.

Il sort.

SCÈNE II

Une rue.

PIERRE et THOMAS STROZZI, sortant de prison.

PIERRE.

J'étais bien sûr que les Huit me renverraient absous, et toi aussi. Viens, frappons à notre porte, et allons embrasser notre père. Cela est singulier : les volets sont fermés !

LE PORTIER, ouvrant.

Hélas ! Seigneurs, vous savez les nouvelles ?

PIERRE.

Quelles nouvelles ? Tu as l'air d'un spectre qui sort d'un tombeau, à la porte de ce palais désert.

LE PORTIER.

Est-il possible que vous ne sachiez rien ?

Deux moines arrivent.

THOMAS.

Et que pourrions-nous savoir ? Nous sortons de prison. Parle ; qu'est-il arrivé ?

LE PORTIER.

Hélas ! mes pauvres Seigneurs, cela est horrible à dire.

LES MOINES, s'approchant.

Est-ce ici le palais des Strozzi ?

LE PORTIER.

Oui ; que demandez-vous ?

LES MOINES.

Nous venons chercher le corps de Louise Strozzi. Voilà l'autorisation de Philippe, afin que vous nous laissiez l'emporter.

PIERRE.

Comment dites-vous ? Quel corps demandez-vous ?

LES MOINES.

Éloignez-vous, mon enfant, vous portez sur votre visage la ressemblance de Philippe ; il n'y a rien de bon à apprendre ici pour vous.

THOMAS.

Comment ? elle est morte ! morte, ô Dieu du Ciel !

Il s'assoit à l'écart.

PIERRE.

Je suis plus ferme que vous ne pensez. Qui a tué ma sœur ? car on ne meurt pas à son âge dans l'espace d'une nuit, sans une cause surnaturelle. Qui l'a tuée, que je le tue ? Répondez-moi, ou vous êtes mort vous-même.

LE PORTIER.

Hélas! hélas! qui peut le dire? Personne n'en sait rien.

PIERRE.

Où est mon père? Viens, Thomas; point de larmes. Par le Ciel! mon cœur se serre comme s'il allait s'ossifier dans mes entrailles, et rester un rocher pour l'éternité.

LES MOINES.

Si vous êtes le fils de Philippe, venez avec nous, nous vous conduirons à lui; il est depuis hier à notre couvent.

PIERRE.

Et je ne saurai pas qui a tué ma sœur! Écoutez-moi, prêtres; si vous êtes l'image de Dieu, vous pouvez recevoir un serment. Par tout ce qu'il y a d'instruments de supplice sous le ciel, par les tortures de l'enfer... Non; je ne veux pas dire un mot. Dépêchons-nous, que je voie mon père. O Dieu! ô Dieu! faites que ce que je soupçonne soit la vérité, afin que je les broie sous mes pieds comme des grains de sable. Venez, venez, avant que je perde la force; ne me dites pas un mot : il s'agit là d'une vengeance, voyez-vous! telle que la colère céleste n'en a pas rêvé.

Ils sortent.

SCÈNE III

Une rue.

LORENZO, SCORONCONCOLO.

LORENZO.

Rentre chez toi, et ne manque pas de venir à minuit; tu t'enfermeras dans mon cabinet jusqu'à ce qu'on vienne t'avertir.

SCORONCONCOLO.

Oui, Monseigneur.

Il sort.

LORENZO, seul.

De quel tigre a rêvé ma mère enceinte de moi? Quand je pense que j'ai aimé les fleurs, les prairies et les sonnets de Pétrarque, le spectre de ma jeunesse se lève devant moi en frissonnant. O Dieu! pourquoi ce seul mot : « A ce soir », fait-il pénétrer jusque dans mes os cette joie brûlante comme un fer rouge? De quelles entrailles fauves, de quels velus embrassements suis-je donc sorti? Que m'avait fait cet homme? Quand je pose ma main là, et que je réfléchis, — qui donc m'entendra dire demain : « Je l'ai tué », sans me répondre : « Pourquoi l'as-tu tué? » Cela est étrange. Il a fait du mal aux autres, mais il m'a fait du bien, du moins à sa manière. Si j'étais resté tranquille au fond de mes solitudes de Cafaggiuolo, il ne serait pas venu m'y chercher, et moi je suis venu le chercher à Florence. Pourquoi cela? Le spectre de mon père me conduisait-il, comme Oreste, vers un nouvel Égisthe? M'avait-il offensé alors? Cela est étrange, et cependant pour cette action j'ai tout quitté; la seule pensée de ce meurtre a fait tomber en poussière les rêves de ma vie; je n'ai plus été qu'une ruine dès que ce meurtre, comme un corbeau sinistre, s'est posé sur ma route et m'a appelé à lui. Que veut dire cela? Tout à l'heure, en passant sur la place, j'ai entendu deux hommes parler d'une comète. Sont-ce bien les battements d'un cœur humain que je sens là, sous les os de ma poitrine? Ah! pourquoi cette idée me vient-elle si souvent depuis quelque temps? Suis-je le bras de Dieu? Y a-t-il une nuée au-dessus de ma tête? Quand j'entrerai dans cette chambre, et que je voudrai tirer mon épée du fourreau, j'ai peur de tirer l'épée flamboyante de l'archange, et de tomber en cendres sur ma proie.

Il sort.

SCÈNE IV

Chez le marquis de Cibo.

Entrent LE CARDINAL et LA MARQUISE.

LA MARQUISE.

Comme vous voudrez, Malaspina.

LE CARDINAL.

Oui, comme je voudrai. Pensez-y à deux fois, marquise, avant de vous jouer à moi. Êtes-vous une femme comme les autres, et faut-il qu'on ait une chaîne d'or au cou et un mandat à la main pour que vous compreniez qui on est? Attendez-vous qu'un valet crie à tue-tête en ouvrant une porte devant moi, pour savoir quelle est ma puissance? Apprenez-le : ce ne sont pas les titres qui font l'homme; je ne suis ni envoyé du pape ni capitaine de Charles-Quint, je suis plus que cela.

LA MARQUISE.

Oui, je le sais : César a vendu son ombre au diable; cette ombre impériale se promène, affublée d'une robe rouge, sous le nom de Cibo.

LE CARDINAL.

Vous êtes la maîtresse d'Alexandre, songez à cela; et votre secret est entre mes mains.

LA MARQUISE.

Faites-en ce qu'il vous plaira ; nous verrons l'usage qu'un confesseur sait faire de sa conscience.

LE CARDINAL.

Vous vous trompez, ce n'est pas par votre confession que je l'ai appris ; je l'ai vu de mes propres yeux : je vous ai vue embrasser le duc. Vous me l'auriez avoué au confessionnal que je pourrais encore en parler sans péché, puisque je l'ai vu hors du confessionnal.

LA MARQUISE.

Eh bien ! après ?

LE CARDINAL.

Pourquoi le duc vous quittait-il d'un pas si nonchalant, et en soupirant comme un écolier quand la cloche sonne ? Vous l'avez rassasié de votre patriotisme, qui, comme une fade boisson, se mêle à tous les mets de votre table. Quels livres avez-vous lus, et quelle sotte duègne était donc votre gouvernante, pour que vous ne sachiez pas que la maîtresse d'un roi parle ordinairement d'autre chose que de patriotisme ?

LA MARQUISE.

J'avoue que l'on ne m'a jamais appris bien nettement de quoi devait parler la maîtresse d'un roi : j'ai négligé de m'instruire sur ce point, comme aussi, peut-être, de manger du riz pour m'engraisser, à la mode turque.

LE CARDINAL.

Il ne faut pas une grande science pour garder un amant un peu plus de trois jours.

LA MARQUISE.

Qu'un prêtre eût appris cette science à une femme, cela eût été fort simple : que ne m'avez-vous conseillée ?

LE CARDINAL.

Voulez-vous que je vous conseille ? Prenez votre manteau, et allez vous glisser dans l'alcôve du duc. S'il s'attend à des phrases en vous voyant, prouvez-lui que vous savez n'en pas faire à toutes les heures, soyez pareille à une somnambule, et faites en sorte que, s'il s'endort sur ce cœur républicain, ce ne soit pas d'ennui. Êtes-vous vierge ? N'y a-t-il plus de vin de Chypre ? N'avez-vous pas au fond de la mémoire quelque joyeuse chanson ? N'avez-vous pas lu l'Arétin ?

LA MARQUISE.

O Ciel ! j'ai entendu murmurer des mots comme ceux-là à de hideuses vieilles qui grelottent sur le Marché-Neuf. Si vous n'êtes pas un prêtre, êtes-vous un homme ? Êtes-vous sûr que le ciel est vide, pour faire ainsi rougir votre pourpre elle-même ?

LE CARDINAL.

Il n'y a rien de si vertueux que l'oreille d'une

femme dépravée. Feignez ou non de me comprendre, mais souvenez-vous que mon frère est votre mari.

LA MARQUISE.

Quel intérêt vous avez à me torturer ainsi, voilà ce que je ne puis comprendre que vaguement. Vous me faites horreur : que voulez-vous de moi ?

LE CARDINAL.

Il y a des secrets qu'une femme ne doit pas savoir, mais qu'elle peut faire prospérer en en sachant les éléments.

LA MARQUISE.

Quel fil mystérieux de vos sombres pensées voudriez-vous me faire tenir? Si vos désirs sont aussi effrayants que vos menaces, parlez; montrez-moi du moins le cheveu qui suspend l'épée sur ma tête.

LE CARDINAL.

Je ne puis parler qu'en termes couverts, par la raison que je ne suis pas sûr de vous. Qu'il vous suffise de savoir que, si vous eussiez été une autre femme, vous seriez une reine à l'heure qu'il est. Puisque vous m'appelez l'ombre de César, vous auriez vu qu'elle est assez grande pour intercepter le soleil de Florence. Savez-vous où peut conduire un sourire féminin ? Savez-vous où vont les fortunes dont les racines poussent dans les alcôves? Alexandre est fils d'un pape, apprenez-le;

et quand ce pape était à Bologne... Mais je me laisse entraîner trop loin.

LA MARQUISE.

Prenez garde de vous confesser à votre tour. Si vous êtes frère de mon mari, je suis maîtresse d'Alexandre.

LE CARDINAL.

Vous l'avez été, marquise, et bien d'autres aussi.

LA MARQUISE.

Je l'ai été; oui, Dieu merci! je l'ai été.

LE CARDINAL.

J'étais sûr que vous commenceriez par vos rêves; il faudra cependant que vous en veniez quelque jour aux miens. Écoutez-moi, nous nous querellons assez mal à propos, mais, en vérité, vous prenez tout au sérieux. Réconciliez-vous avec Alexandre, et, puisque je vous ai blessée tout à l'heure en vous disant comment, je n'ai que faire de le répéter. Laissez-vous conduire; dans un an, dans deux ans, vous me remercierez. J'ai travaillé longtemps pour être ce que je suis, et je sais où l'on peut aller. Si j'étais sûr de vous, je vous dirais des choses que Dieu lui-même ne saura jamais.

LA MARQUISE.

N'espérez rien, et soyez assuré de mon mépris.

Elle veut sortir.

LE CARDINAL.

Un instant! pas si vite! N'entendez-vous pas le bruit d'un cheval? mon frère ne doit-il pas venir aujourd'hui ou demain? me connaissez-vous pour un homme qui a deux paroles? Allez au palais ce soir, ou vous êtes perdue.

LA MARQUISE.

Mais enfin, que vous soyez ambitieux, que tous les moyens vous soient bons, je le conçois; mais parlerez-vous plus clairement? Voyons, Malaspina, je ne veux pas désespérer tout à fait de ma perversion. Si vous pouvez me convaincre, faites-le, parlez-moi franchement. Quel est votre but?

LE CARDINAL.

Vous ne désespérez pas de vous laisser convaincre, n'est-il pas vrai? Me prenez-vous pour un enfant, et croyez-vous qu'il suffise de me frotter les lèvres de miel pour me les desserrer? Agissez d'abord, je parlerai après. Le jour où, comme femme, vous aurez pris l'empire nécessaire, non pas sur l'esprit d'Alexandre, duc de Florence, mais sur le cœur d'Alexandre, votre amant, je vous apprendrai le reste, et vous saurez ce que j'attends.

LA MARQUISE.

Ainsi donc, quand j'aurai lu l'Arétin pour me donner une première expérience, j'aurai à lire, pour en acquérir une seconde, le livre secret de vos pensées ? Voulez-vous que je vous dise, moi, ce que vous n'osez pas me dire ? Vous servez le pape, jusqu'à ce que l'empereur trouve que vous êtes meilleur valet que le pape lui-même. Vous espérez qu'un jour César vous devra bien réellement, bien complètement, l'esclavage de l'Italie, et ce jour-là, — oh ! ce jour-là, n'est-il pas vrai ? — celui qui est le roi de la moitié du monde pourrait bien vous donner en récompense le chétif héritage des cieux. Pour gouverner Florence en gouvernant le duc, vous vous feriez femme tout à l'heure, si vous pouviez. Quand la pauvre Ricciarda Cibo aura fait faire deux ou trois coups d'État à Alexandre, on aura bientôt ajouté que Ricciarda Cibo mène le duc, mais qu'elle est menée par son beau-frère; et, comme vous dites, qui sait jusqu'où les larmes des peuples, devenues un océan, pourraient lancer votre barque? Est-ce à peu près cela ? Mon imagination ne peut aller aussi loin que la vôtre, sans doute ; mais je crois que c'est à peu près cela.

LE CARDINAL.

Allez ce soir chez le duc, ou vous êtes perdue.

LA MARQUISE.

Perdue ? et comment ?

LE CARDINAL.

Ton mari saura tout.

LA MARQUISE.

Faites-le, faites-le, je me tuerai.

LE CARDINAL.

Menace de femme! Écoutez, et ne vous jouez pas à moi. Que vous m'ayez compris bien ou mal, allez ce soir chez le duc.

LA MARQUISE.

Non.

LE CARDINAL.

Voilà votre mari qui entre dans la cour. Par tout ce qu'il y a de sacré au monde, je lui raconte tout si vous dites non encore une fois.

LA MARQUISE.

Non, non, non!

Entre le marquis.

Laurent, pendant que vous étiez à Massa, je me suis livrée à Alexandre, je me suis livrée, sachant qui il était, et quel rôle misérable j'allais jouer. Mais voilà un prêtre qui veut m'en faire jouer un plus vil encore : il me propose des horreurs pour m'assurer le titre de maîtresse du duc, et le tourner à son profit.

Elle se jette à genoux.

LE MARQUIS.

Êtes-vous folle? Que veut-elle dire, Malaspina? — Eh bien! vous voilà comme une statue. Ceci est-il une comédie, cardinal? Eh bien donc! que faut-il que j'en pense?

LE CARDINAL.

Ah! corps du Christ!

Il sort.

LE MARQUIS.

Elle est évanouie. Holà! qu'on apporte du vinaigre!

SCÈNE V

La chambre de Lorenzo.

LORENZO, Deux Domestiques.

LORENZO.

Quand vous aurez placé ces fleurs sur la table et celles-ci au pied du lit, vous ferez un bon feu, mais de manière à ce que cette nuit la flamme ne flambe pas, et que les charbons échauffent sans éclairer. Vous me donnerez la clef, et vous irez vous coucher.

Entre Catherine.

CATHERINE.

Notre mère est malade; ne viens-tu pas la voir, Renzo?

LORENZO.

Ma mère est malade?

CATHERINE.

Hélas! je ne puis te cacher la vérité. J'ai reçu hier un billet du duc, dans lequel il me disait que tu avais dû me parler d'amour pour lui; cette lecture a fait bien du mal à Marie.

LORENZO.

Cependant je ne t'avais pas parlé de cela. N'as-tu pas pu lui dire que je n'étais pour rien là dedans?

CATHERINE.

Je le lui ai dit. Pourquoi ta chambre est-elle aujourd'hui si belle et en si bon état? Je ne croyais pas que l'esprit d'ordre fût ton majordome.

LORENZO.

Le duc t'a donc écrit? Cela est singulier que je ne l'aie point su. Et, dis-moi, que penses-tu de sa lettre?

CATHERINE.

Ce que j'en pense?

LORENZO.

Oui, de la déclaration d'Alexandre. Qu'en pense ce petit cœur innocent?

CATHERINE.

Que veux-tu que j'en pense?

LORENZO.

N'as-tu pas été flattée? Un amour qui fait l'envie de tant de femmes! un titre si beau à conquérir, la maîtresse de... Va-t'en, Catherine, va dire à ma mère que je te suis. Sors d'ici. Laisse-moi!

Catherine sort.

Par le Ciel! quel homme de cire suis-je donc! Le vice, comme la robe de Déjanire, s'est-il si profondément incorporé à mes fibres que je ne puisse plus répondre de ma langue, et que l'air qui sort de mes lèvres se fasse ruffian malgré moi ? J'allais corrompre Catherine ; je crois que je corromprais ma mère, si mon cerveau le prenait à tâche : car Dieu sait quelle corde et quel arc les dieux ont tendus dans ma tête, et quelle force ont les flèches qui en partent. Si tous les hommes sont les parcelles d'un foyer immense, assurément l'être inconnu qui m'a pétri a laissé tomber un tison au lieu d'une étincelle dans ce corps faible et chancelant. Je puis délibérer et choisir, mais non revenir sur mes pas quand j'ai choisi. O Dieu ! les jeunes gens à la mode ne se font-ils pas une gloire d'être vicieux, et les enfants qui sortent du collège ont-ils quelque chose de plus pressé que de se pervertir ? Quel bourbier doit donc être l'espèce humaine, qui se rue ainsi dans les tavernes avec des lèvres affamées de débauche, quand moi, qui n'ai voulu prendre qu'un masque pareil à leurs visages, et qui ai été aux mauvais lieux avec une résolution inébranlable de rester pur sous mes vêtements souillés, je ne puis ni me retrouver moi-même ni laver mes mains, même avec du sang ! Pauvre Catherine ! tu mourrais cependant comme Louise Strozzi, ou tu te laisserais tomber comme tant d'autres dans l'éternel abîme, si je n'étais pas là. O Alexandre ! je ne suis pas dévot, mais je voudrais, en vérité, que tu fisses ta prière avant de venir ce soir dans cette chambre. Catherine n'est-elle pas vertueuse, irréprochable? Combien faudrait-il pourtant de paroles pour faire de cette colombe ignorante la proie de ce gladiateur aux poils roux! Quand je pense que j'ai failli parler! Que de filles maudites par leurs pères rôdent au coin des bornes, ou regardent leur tête rasée dans le miroir cassé d'une cellule, qui ont valu autant que Catherine, et qui ont écouté un ruffian moins habile que moi! Eh bien! j'ai commis bien des crimes, et, si ma vie est jamais dans la balance d'un juge quelconque, il y aura d'un côté une montagne de sanglots, mais il y aura peut-être de l'autre une goutte de lait pur tombée du sein de Catherine, et qui aura nourri d'honnêtes enfants.

Il sort.

SCÈNE VI

Une vallée; un couvent dans le fond.

Entrent PHILIPPE STROZZI et Deux Moines; des novices portent le cercueil de Louise; ils le posent dans un tombeau.

PHILIPPE.

Avant de la mettre dans son dernier lit, laissez-moi l'embrasser. Lorsqu'elle était couchée, c'est ainsi que je me penchais sur elle pour lui donner le baiser du soir. Ses yeux mélancoliques étaient ainsi fermés à demi; mais ils se rouvraient au premier rayon du soleil, comme deux fleurs d'azur; elle se levait doucement, le sourire sur les lèvres, et elle venait rendre à son vieux père son baiser de la veille. Sa figure céleste rendait délicieux un moment bien triste, le réveil d'un homme fatigué de la vie. Un jour de plus, pensais-je en voyant l'aurore, un sillon de plus dans mon champ! Mais alors j'apercevais ma fille, la vie m'apparaissait sous la forme de sa beauté, et la clarté du jour était la bienvenue.

On ferme le tombeau.

PIERRE STROZZI, derrière la scène.

Par ici, venez, par ici.

PHILIPPE.

Tu ne te lèveras plus de ta couche; tu ne poseras pas tes pieds nus sur ce gazon pour revenir trouver ton père. O ma Louise! il n'y a que Dieu qui a su qui tu étais, et moi, moi, moi!

PIERRE, entrant.

Ils sont cent à Sestino qui arrivent du Piémont. Venez, Philippe; le temps des larmes est passé.

PHILIPPE.

Enfant, sais-tu ce que c'est que le temps des larmes?

PIERRE.

Les bannis se sont rassemblés à Sestino; il est

temps de penser à la vengeance; marchons franchement sur Florence avec notre petite armée. Si nous pouvons arriver à propos pendant la nuit et surprendre les postes de la citadelle, tout est dit. Par le Ciel! j'élèverai à ma sœur un autre mausolée que celui-là.

PHILIPPE.

Non pas moi; allez sans moi, mes amis.

PIERRE.

Nous ne pouvons nous passer de vous ; sachez-le, les confédérés comptent sur votre nom; François Ier lui-même attend de vous un mouvement en faveur de la liberté. Il vous écrit comme au chef des républicains florentins; voilà sa lettre.

PHILIPPE ouvre la lettre.

Dis à celui qui t'a apporté cette lettre qu'il réponde ceci au roi de France : « Le jour où Philippe portera les armes contre son pays, il sera devenu fou. »

PIERRE.

Quelle est cette nouvelle sentence?

PHILIPPE.

Celle qui me convient.

PIERRE.

Ainsi vous perdez la cause des bannis pour le plaisir de faire une phrase? Prenez garde, mon père, il ne s'agit pas là d'un passage de Pline; réfléchissez avant de dire non.

PHILIPPE.

Il y a soixante ans que je sais ce que je devais répondre à la lettre du roi de France.

PIERRE.

Cela passe toute idée! vous me forceriez à vous dire de certaines choses... Venez avec nous, mon père, je vous en supplie. Lorsque j'allais chez les Pazzi, ne m'avez-vous pas dit : « Emmène-moi? » Cela était-il différent alors?

PHILIPPE.

Très différent. Un père offensé qui sort de sa maison l'épée à la main, avec ses amis, pour aller réclamer justice, est très différent d'un rebelle qui porte les armes contre son pays, en rase campagne et au mépris des lois.

PIERRE.

Il s'agissait bien de réclamer justice! il s'agissait d'assommer Alexandre! Qu'est-ce qu'il y a de changé aujourd'hui? Vous n'aimez pas votre pays, ou sans cela vous profiteriez d'une occasion comme celle-ci.

PHILIPPE.

Une occasion! mon Dieu! cela une occasion!
Il frappe le tombeau.

PIERRE.

Laissez-vous fléchir.

PHILIPPE.

Je n'ai pas une douleur ambitieuse. Laisse-moi seul, j'en ai assez dit.

PIERRE.

Vieillard obstiné! inexorable faiseur de sentences! vous serez cause de notre perte.

PHILIPPE.

Tais-toi, insolent! sors d'ici!

PIERRE.

Je ne puis dire ce qui se passe en moi. Allez où il vous plaira, nous agirons sans vous cette fois. Eh! mort de Dieu! il ne sera pas dit que tout soit perdu faute d'un traducteur de latin!

Il sort.

PHILIPPE.

Ton jour est venu, Philippe! tout cela signifie que ton jour est venu.

Il sort.

SCÈNE VII

Le bord de l'Arno, un quai. On voit une longue suite de palais.

Entre LORENZO.

Voilà le soleil qui se couche; je n'ai pas de temps à perdre, et cependant tout ressemble ici à du temps perdu.

Il frappe à la porte.

Holà! Seigneur Alamanno! holà!

ALAMANNO, sur sa terrasse.

Qui est là? que me voulez-vous?

LORENZO.

Je viens vous avertir que le duc doit être tué cette nuit; prenez vos mesures pour demain avec vos amis si vous aimez la liberté.

ALAMANNO.

Par qui doit être tué Alexandre?

LORENZO.

Par Lorenzo de Médicis.

ALAMANNO.

C'est toi, Renzinaccio? Eh! entre donc souper avec de bons vivants qui sont dans mon salon.

LORENZO.

Je n'ai pas le temps; préparez-vous à agir demain.

ALAMANNO.

Tu veux tuer le duc, toi? Allons donc! tu as un coup de vin dans la tête.

Il sort.

LORENZO, seul.

Peut-être que j'ai tort de leur dire que c'est moi qui tuerai Alexandre, car tout le monde refuse de me croire.

Il frappe à une autre porte.

Holà! Seigneur Pazzi! holà!

PAZZI, sur sa terrasse.

Qui m'appelle?

LORENZO.

Je viens vous dire que le duc sera tué cette

nuit; tâchez d'agir demain pour la liberté de Florence.

PAZZI.

Qui doit tuer le duc?

LORENZO.

Peu importe, agissez toujours, vous et vos amis. Je ne puis vous dire le nom de l'homme.

PAZZI.

Tu es fou, drôle, va-t'en au diable!

Il sort.

LORENZO, seul.

Il est clair que, si je ne dis pas que c'est moi, on me croira encore bien moins.

Il frappe à une porte.

Holà! Seigneur Corsini!

LE PROVÉDITEUR, sur sa terrasse.

Qu'est-ce donc?

LORENZO.

Le duc Alexandre sera tué cette nuit.

LE PROVÉDITEUR.

Vraiment, Lorenzo! Si tu es gris, va plaisanter ailleurs. Tu m'as blessé bien mal à propos un cheval au bal des Nasi; que le diable te confonde!

Il sort.

LORENZO.

Pauvre Florence! pauvre Florence!

Il sort.

SCÈNE VIII

Une plaine.

Entrent PIERRE STROZZI et DEUX BANNIS.

PIERRE.

Mon père ne veut pas venir. Il m'a été impossible de lui faire entendre raison.

PREMIER BANNI.

Je n'annoncerai pas cela à mes camarades : il y a de quoi les mettre en déroute.

PIERRE.

Pourquoi? Montez à cheval ce soir, et allez bride abattue à Sestino ; j'y serai demain matin. Dites que Philippe a refusé, mais que Pierre ne refuse pas.

PREMIER BANNI.

Les confédérés veulent le nom de Philippe : nous ne ferons rien sans cela.

PIERRE.

Le nom de famille de Philippe est le même que le mien ; dites que Strozzi viendra, cela suffit.

PREMIER BANNI.

On me demandera lequel des Strozzi, et, si je ne réponds pas : « Philippe », rien ne se fera.

PIERRE.

Imbécile! fais ce qu'on te dit, et ne réponds

que pour toi-même. Comment sais-tu d'avance que rien ne se fera?

PREMIER BANNI.

Seigneur, il ne faut pas maltraiter les gens.

PIERRE.

Allons! monte à cheval, et va à Sestino.

PREMIER BANNI.

Ma foi, Monsieur, mon cheval est fatigué; j'ai fait douze lieues dans la nuit. Je n'ai pas envie de le seller à cette heure.

PIERRE.

Tu n'es qu'un sot.

A l'autre banni.

Allez-y, vous : vous vous y prendrez mieux.

DEUXIÈME BANNI.

Le camarade n'a pas tort pour ce qui regarde Philippe; il est certain que son nom ferait bien pour la cause.

PIERRE.

Lâches! manants sans cœur! ce qui fait bien pour la cause, ce sont vos femmes et vos enfants qui meurent de faim, entendez-vous? Le nom de Philippe leur remplira la bouche, mais il ne leur remplira pas le ventre. Quels pourceaux êtes-vous!

DEUXIÈME BANNI.

Il est impossible de s'entendre avec un homme aussi grossier; allons-nous-en, camarade.

PIERRE.

Va au diable, canaille! et dis à tes confédérés que, s'ils ne veulent pas de moi, le roi de France en veut, lui; et qu'ils prennent garde qu'on ne me donne la main haute sur vous tous!

DEUXIÈME BANNI, à l'autre.

Viens, camarade, allons souper; je suis, comme toi, excédé de fatigue.

Ils sortent.

SCÈNE IX

Une place ; il est nuit.

Entre LORENZO.

Je lui dirai que c'est un motif de pudeur, et j'emporterai la lumière; — cela se fait tous les jours; — une nouvelle mariée, par exemple, exige cela de son mari pour entrer dans la chambre nuptiale, et Catherine passe pour très vertueuse. — Pauvre fille! qui l'est sous le soleil, si elle ne l'est pas? Que ma mère mourût de tout cela, voilà ce qui pourrait arriver.

Ainsi donc, voilà qui est fait. Patience! une heure est une heure, et l'horloge vient de sonner. Si vous y tenez cependant? Mais non, pourquoi? Emporte le flambeau, si tu veux : la première

fois qu'une femme se donne, cela est tout simple.
— Entrez donc, chauffez-vous donc un peu. —
Oh! mon Dieu, oui, pur caprice de jeune fille.
— Et quel motif de croire à ce meurtre? Cela
pourrait les étonner, même Philippe.

Te voilà, toi, face livide!

La lune paraît.

Si les républicains étaient des hommes, quelle
révolution demain dans la ville! Mais Pierre est
un ambitieux; les Ruccellai seuls valent quelque
chose. — Ah! les mots, les mots, les éternelles
paroles! S'il y a quelqu'un là-haut, il doit bien
rire de nous tous; cela est très comique, très
comique vraiment. — O bavardage humain! ô
grand tueur de corps morts! grand défonceur de
portes ouvertes! ô homme sans bras!

Non! non! je n'emporterai pas la lumière. —
J'irai droit au cœur; il se verra tuer... Sang du
Christ! on se mettra demain aux fenêtres.

Pourvu qu'il n'ait pas imaginé quelque cuirasse
nouvelle, quelque cotte de mailles. Maudite invention! Lutter avec Dieu et le diable, cela n'est
rien; mais lutter avec des bouts de ferraille croisés
les uns sur les autres par la main sale d'un armurier! — Je passerai le second pour entrer; il posera son épée là, — ou là, oui, sur le canapé. —
Quant à l'affaire du baudrier à rouler autour de
la garde, cela est aisé. S'il pouvait lui prendre
fantaisie de se coucher, voilà où serait le vrai

moyen. Couché, assis, ou debout? Assis plutôt. Je commencerai par sortir. Scoronconcolo est enfermé dans le cabinet. Alors nous venons, nous venons! Je ne voudrais pourtant pas qu'il tournât le dos. J'irai à lui tout droit. Allons! la paix, la paix! l'heure va venir. — Il faut que j'aille dans quelque cabaret; je ne m'aperçois pas que je prends du froid; je boirai une bouteille. — Non, je ne veux pas boire. Où diable vais-je donc? les cabarets sont fermés.

Est-elle bonne fille? — Oui, vraiment. — En chemise? Oh! non, non, je ne le pense pas. — Pauvre Catherine! — Que ma mère mourût de tout cela, ce serait triste. Et quand je lui aurais dit mon projet, qu'aurais-je pu y faire? au lieu de la consoler, cela lui aurait fait dire : « Crime, crime! » jusqu'à son dernier soupir.

Je ne sais pourquoi je marche, je tombe de lassitude.

Il s'assoit.

Pauvre Philippe! une fille belle comme le jour! Une seule fois, je me suis assis près d'elle sous le marronnier; ces petites mains blanches, comme cela travaillait! Que de journées j'ai passées, moi, assis sous les arbres! Ah! quelle tranquillité! quel horizon à Cafaggiuolo! Jeannette était jolie, la petite fille du concierge, en faisant sécher sa lessive. Comme elle chassait les chèvres qui venaient marcher sur son linge étendu sur le gazon!

la chèvre blanche revenait toujours avec ses grandes pattes menues.

<small>Une horloge sonne.</small>

Ah! ah! il faut que j'aille là-bas. — Bonsoir, mignon; eh! trinque donc avec Giomo. — Bon vin! Cela serait plaisant qu'il lui vînt à l'idée de me dire : « Ta chambre est-elle retirée? entendra-t-on quelque chose du voisinage? » Cela serait plaisant. Ah! on y a pourvu. Oui, cela serait drôle qu'il lui vînt cette idée.

Je me trompe d'heure; ce n'est que la demie. Quelle est donc cette lumière sous le portique de l'église? On taille, on remue des pierres. Il paraît que ces hommes sont courageux avec les pierres. Comme ils coupent, comme ils enfoncent! Ils font un crucifix; avec quel courage ils le clouent! Je voudrais voir que leur cadavre de marbre les prît tout d'un coup à la gorge.

Eh bien! eh bien! quoi donc? j'ai des envies de danser qui sont incroyables. Je crois, si je m'y laissais aller, que je sauterais comme un moineau sur tous ces gros plâtras et sur toutes ces poutres. Eh! mignon! eh! mignon! mettez vos gants neufs, un plus bel habit que cela; tra la la! faites-vous beau, la mariée est belle. Mais, je vous le dis à l'oreille, prenez garde à son petit couteau.

<small>Il sort en courant.</small>

SCÈNE X

Chez le duc.

LE DUC, à souper; GIOMO. — Entre le cardinal CIBO.

LE CARDINAL.

Altesse, prenez garde à Lorenzo.

LE DUC.

Vous voilà, cardinal! asseyez-vous donc, et prenez donc un verre.

LE CARDINAL.

Prenez garde à Lorenzo, duc. Il a été demander ce soir à l'évêque de Marzi la permission d'avoir des chevaux de poste cette nuit.

LE DUC.

Cela ne se peut pas.

LE CARDINAL.

Je le tiens de l'évêque lui-même.

LE DUC.

Allons donc! Je vous dis que j'ai de bonnes raisons pour savoir que cela ne se peut pas.

LE CARDINAL.

Me faire croire est peut-être impossible; je remplis mon devoir en vous avertissant.

LE DUC.

Quand cela serait vrai, que voyez-vous d'effrayant à cela? Il va peut-être à Cafaggiuolo.

LE CARDINAL.

Ce qu'il y a d'effrayant, Monseigneur, c'est qu'en passant sur la place pour venir ici, je l'ai vu de mes yeux sauter sur des poutres et des pierres comme un fou. Je l'ai appelé, et, je suis forcé d'en convenir, son regard m'a fait peur. Soyez certain qu'il mûrit dans sa tête quelque projet pour cette nuit.

LE DUC.

Et pourquoi ces projets me seraient-ils dangereux?

LE CARDINAL.

Faut-il tout dire, même quand on parle d'un favori? Apprenez qu'il a dit ce soir à deux personnes de ma connaissance, publiquement, sur leur terrasse, qu'il vous tuerait cette nuit.

LE DUC.

Buvez donc un verre de vin, cardinal. Est-ce que vous ne savez pas que Renzo est ordinairement gris au coucher du soleil?

· Entre sire Maurice.

SIRE MAURICE.

Altesse, défiez-vous de Lorenzo. Il a dit à trois

de mes amis, ce soir, qu'il voulait vous tuer cette nuit.

LE DUC.

Et vous aussi, brave Maurice, vous croyez aux fables? je vous croyais plus homme que cela.

SIRE MAURICE.

Votre Altesse sait si je m'effraye sans raison. Ce que je dis, je puis le prouver.

LE DUC.

Asseyez-vous donc, et trinquez avec le cardinal; vous ne trouverez pas mauvais que j'aille à mes affaires.

Entre Lorenzo.

Eh bien! mignon, est-il déjà temps?

LORENZO.

Il est minuit tout à l'heure.

LE DUC.

Qu'on me donne mon pourpoint de zibeline!

LORENZO.

Dépêchons-nous; votre belle est peut-être déjà au rendez-vous.

LE DUC.

Quels gants faut-il prendre? ceux de guerre, ou ceux d'amour?

LORENZO.

Ceux d'amour, Altesse.

LE DUC.

Soit, je veux être un vert galant.

Ils sortent.

SIRE MAURICE.

Que dites-vous de cela, cardinal?

LE CARDINAL.

Que la volonté de Dieu se fait malgré les hommes.

Ils sortent.

SCÈNE XI

La chambre de Lorenzo.

Entrent LE DUC et LORENZO.

LE DUC.

Je suis transi, — il fait vraiment froid.

Il ôte son épée.

Eh bien! mignon, qu'est-ce que tu fais donc?

LORENZO.

Je roule votre baudrier autour de votre épée, et je la mets sous votre chevet. Il est bon d'avoir toujours une arme sous la main.

Il entortille le baudrier de manière à empêcher l'épée de sortir du fourreau.

LE DUC.

Tu sais que je n'aime pas les bavardes, et il m'est revenu que la Catherine était une belle parleuse. Pour éviter les conversations, je vais me mettre au lit. A propos, pourquoi donc as-tu fait demander des chevaux de poste à l'évêque de Marzi?

LORENZO.

Pour aller voir mon frère, qui est très malade, à ce qu'il m'écrit.

LE DUC.

Va donc chercher ta tante.

LORENZO.

Dans un instant.

Il sort.

LE DUC, seul.

Faire la cour à une femme qui vous répond oui lorsqu'on lui demande oui ou non, cela m'a toujours paru très sot, et tout à fait digne d'un Français. Aujourd'hui surtout que j'ai soupé comme trois moines, je serais incapable de dire seulement : « Mon cœur », ou : « Mes chères entrailles », à l'infante d'Espagne. Je veux faire semblant de dormir : ce sera peut-être cavalier, mais ce sera commode.

Il se couche. — Lorenzo rentre l'épée à la main.

LORENZO.

Dormez-vous, Seigneur?

Il le frappe.

LE DUC.

C'est toi, Renzo?

LORENZO.

Seigneur, n'en doutez pas.

Il le frappe de nouveau. — Entre Scoronconcolo.

SCORONCONCOLO.

Est-ce fait?

LORENZO.

Regarde, il m'a mordu au doigt. Je garderai jusqu'à la mort cette bague sanglante, inestimable diamant.

SCORONCONCOLO.

Ah! mon Dieu! c'est le duc de Florence!

LORENZO, s'asseyant sur la fenêtre.

Que la nuit est belle! que l'air du ciel est pur! Respire, respire, cœur navré de joie!

SCORONCONCOLO.

Viens, maître, nous en avons trop fait; sauvons-nous.

LORENZO.

Que le vent du soir est doux et embaumé! comme les fleurs des prairies s'entr'ouvrent!
O nature magnifique! ô éternel repos!

SCORONCONCOLO.

Le vent va glacer sur votre visage la sueur qui en découle. Venez, Seigneur.

LORENZO.

Ah! Dieu de bonté! quel moment!

SCORONCONCOLO, à part.

Son âme se dilate singulièrement. Quant à moi, je prendrai les devants.

Il veut sortir.

LORENZO.

Attends, tire ces rideaux. Maintenant, donne-moi la clef de cette chambre.

SCORONCONCOLO.

Pourvu que les voisins n'aient rien entendu !

LORENZO.

Ne te souviens-tu pas qu'ils sont habitués à notre tapage ? Viens, partons.

Ils sortent.

ACTE V

SCÈNE PREMIÈRE

Au palais du duc.

Entrent VALORI, SIRE MAURICE et GUICCIARDINI. Une foule de courtisans circulent dans la salle et dans les environs.

SIRE MAURICE.

Giomo n'est pas revenu encore de son message; cela devient de plus en plus inquiétant.

GUICCIARDINI.

Le voilà qui entre dans la salle

Entre Giomo.

SIRE MAURICE.

Eh bien! qu'as-tu appris?

GIOMO.

Rien du tout.

Il sort.

GUICCIARDINI.

Il ne veut pas répondre : le cardinal Cibo est

enfermé dans le cabinet du duc; c'est à lui seul que les nouvelles arrivent.

Entre un autre messager.

Eh bien! le duc est-il retrouvé? sait-on ce qu'il est devenu?

LE MESSAGER.

Je ne sais pas.

Il entre dans le cabinet.

VALORI.

Quel événement épouvantable, Messieurs, que cette disparition! point de nouvelles du duc! Ne disiez-vous pas, Sire Maurice, que vous l'avez vu hier soir? Il ne paraissait pas malade?

Rentre Giomo.

GIOMO, à sire Maurice.

Je puis vous le dire à l'oreille, le duc est assassiné.

SIRE MAURICE.

Assassiné! par qui? Où l'avez-vous trouvé?

GIOMO.

Où vous nous aviez dit : — dans la chambre de Lorenzo.

SIRE MAURICE.

Ah! sang du diable? Le cardinal le sait-il?

GIOMO.

Oui, Excellence.

SIRE MAURICE.

Que décide-t-il? qu'y a-t-il à faire? Déjà le peuple se porte en foule devant le palais ; toute cette affreuse affaire a transpiré; nous sommes morts si elle se confirme : on nous massacrera.

<small>Des valets portant des tonneaux pleins de vin et de comestibles passent dans le fond.</small>

GUICCIARDINI.

Que signifie cela? va-t-on faire des distributions au peuple?

<small>Entre un seigneur de la cour.</small>

LE SEIGNEUR.

Le duc est-il visible, Messieurs? Voilà un cousin à moi, nouvellement arrivé d'Allemagne, que je désire présenter à Son Altesse; soyez assez bons pour le voir d'un œil favorable.

GUICCIARDINI.

Répondez-lui, Seigneur Valori; je ne sais que lui dire.

VALORI.

La salle se remplit à tout instant de ces complimenteurs du matin. Ils attendent tranquillement qu'on les admette.

SIRE MAURICE, à Giomo.

On l'a enterré là?

GIOMO.

Ma foi, oui, dans la sacristie. Que voulez-vous! si le peuple apprenait cette mort-là, elle pourrait en causer bien d'autres. Lorsqu'il en sera temps, on lui fera des obsèques publiques. En attendant, nous l'avons emporté dans un tapis.

VALORI.
Qu'allons-nous devenir ?

PLUSIEURS SEIGNEURS, s'approchant.
Nous sera-t-il bientôt permis de présenter nos devoirs à Son Altesse ? qu'en pensez-vous, Messieurs ?

LE CARDINAL CIBO, entrant.
Oui, Messieurs, vous pourrez entrer dans une heure ou deux ; le duc a passé la nuit à une mascarade, et il repose dans ce moment.

Des valets suspendent des dominos aux croisées.

LES COURTISANS.
Retirons-nous ; le duc est encore couché. Il a passé la nuit au bal.

Les courtisans se retirent. — Entrent les Huit.

NICCOLINI.
Eh bien ! cardinal, qu'y a-t-il de décidé ?

LE CARDINAL.
Primo avulso, non deficit alter
Aureus, et simili frondescit virga metallo.

Il sort.

NICCOLINI.
Voilà qui est admirable ! mais qu'y a-t-il de fait ? Le duc est mort : il faut en élire un autre, et cela le plus vite possible. Si nous n'avons pas un duc ce soir ou demain, c'en est fait de nous. Le peuple est en ce moment comme l'eau qui va bouillir.

VETTORI.

Je propose Octavien de Médicis.

CAPPONI.

Pourquoi? il n'est pas le premier par les droits du sang.

ACCIAIUOLI.

Si nous prenions le cardinal?

SIRE MAURICE.

Plaisantez-vous?

RUCCELLAI.

Pourquoi, en effet, ne prendriez-vous pas le cardinal, vous qui le laissez, au mépris de toutes les lois, se déclarer seul juge en cette affaire?

VETTORI.

C'est un homme capable de la bien diriger.

RUCCELLAI.

Qu'il se fasse donner l'ordre du pape.

VETTORI.

C'est ce qu'il a fait; le pape a envoyé l'autorisation par un courrier que le cardinal a fait partir dans la nuit.

RUCCELLAI.

Vous voulez dire par un oiseau, sans doute : car un courrier commence par prendre le temps d'aller, avant d'avoir celui de revenir. Nous traite-t-on comme des enfants?

CANIGIANI, s'approchant.

Messieurs, si vous m'en croyez, voilà ce que

nous ferons : nous élirons duc de Florence mon fils naturel Julien.

RUCCELLAI.

Bravo ! un enfant de cinq ans ! N'a-t-il pas cinq ans, Canigiani ?

GUICCIARDINI, bas.

Ne voyez-vous pas le personnage? c'est le cardinal qui lui met dans la tête cette sotte proposition : Cibo serait régent, et l'enfant mangerait des gâteaux.

RUCCELLAI.

Cela est honteux; je sors de cette salle, si on y tient de pareils discours.

Entre CORSI.

Messieurs, le cardinal vient d'écrire à Côme de Médicis.

LES HUIT.

Sans nous consulter?

CORSI.

Le cardinal a écrit pareillement à Pise, à Arezzo et à Pistoie, aux commandants militaires. Jacques de Médicis sera demain ici avec le plus de monde possible; Alexandre Vitelli est déjà dans la forteresse avec la garnison entière. Quant à Lorenzo, il est parti trois courriers pour le joindre.

RUCCELLAI.

Qu'il se fasse duc tout de suite, votre cardinal; cela sera plus tôt fait.

CORSI.

Il m'est ordonné de vous prier de mettre aux voix l'élection de Côme de Médicis, sous le titre provisoire de gouverneur de la république florentine.

GIOMO, à des valets qui traversent la salle.

Répandez du sable autour de la porte, et n'épargnez pas le vin plus que le reste.

RUCCELLAI.

Pauvre peuple!... quel badaud on fait de toi!

SIRE MAURICE.

Allons! Messieurs, aux voix. Voici vos billets.

VETTORI.

Côme est en effet le premier en droit après Alexandre; c'est son plus proche parent.

ACCIAIUOLI.

Quel homme est-ce? je le connais fort peu.

CORSI.

C'est le meilleur prince du monde.

GUICCIARDINI.

Hé! hé! pas tout à fait cela. Si vous disiez le plus diffus et le plus poli des princes, ce serait plus vrai.

SIRE MAURICE.

Vos voix, Seigneurs.

RUCCELLAI.

Je m'oppose à ce vote formellement, et au nom de tous les citoyens.

VETTORI.

Pourquoi?

RUCCELLAI.

Il ne faut plus à la république ni princes, ni ducs, ni seigneurs; voici mon vote.

<small>Il montre son billet blanc.</small>

VETTORI.

Votre voix n'est qu'une voix. Nous nous passerons de vous.

RUCCELLAI.

Adieu donc; je m'en lave les mains.

GUICCIARDINI, <small>courant après lui.</small>

Eh! mon Dieu! Palla, vous être trop violent.

RUCCELLAI.

Laissez-moi; j'ai soixante-deux ans passés; ainsi vous ne pouvez pas me faire grand mal désormais.

<small>Il sort.</small>

NICCOLINI.

Vos voix, Messieurs!

<small>Il déplie les billets jetés dans un bonnet.</small>

Il y a unanimité. Le courrier est-il parti pour Trebbio?

CORSI.

Oui, Excellence. Côme sera ici dans la matinée de demain, à moins qu'il ne refuse.

VETTORI.

Pourquoi refuserait-il?

NICCOLINI.

Ah! mon Dieu! s'il allait refuser, que deviendrions-nous? Quinze lieues à faire d'ici à Trebbio pour trouver Côme, et autant pour revenir, ce serait une journée de perdue. Nous aurions dû choisir quelqu'un qui fût près de nous.

VETTORI.

Que voulez-vous! notre vote est fait, et il est probable qu'il acceptera. Tout cela est étourdissant.

Ils sortent.

SCÈNE II

A Venise.

PHILIPPE STROZZI, dans son cabinet.

J'en étais sûr. — Pierre est en correspondance avec le roi de France; le voilà à la tête d'une espèce d'armée, et prêt à mettre le bourg à feu et à sang. C'est donc là ce qu'aura fait ce pauvre nom de Strozzi, qu'on a respecté si longtemps! il aura produit un rebelle et deux ou trois massacres. O ma Louise! tu dors en paix sous le gazon; l'oubli du monde entier est autour de toi, comme en toi au fond de la triste vallée où je t'ai laissée.

On frappe à la porte.

Entrez.

Entre Lorenzo.

LORENZO.

Philippe ! je t'apporte le plus beau joyau de ta couronne.

PHILIPPE.

Qu'est-ce que tu jettes là? une clef?

LORENZO.

Cette clef ouvre ma chambre, et dans ma chambre est Alexandre de Médicis, mort de la main que voilà.

PHILIPPE.

Vraiment ! vraiment ! cela est incroyable.

LORENZO.

Crois-le si tu veux. Tu le sauras par d'autres que par moi.

PHILIPPE, prenant la clef.

Alexandre est mort ! cela est-il possible?

LORENZO.

Que dirais-tu si les républicains t'offraient d'être duc à sa place?

PHILIPPE.

Je refuserais, mon ami.

LORENZO.

Vraiment ! vraiment ! cela est incroyable.

PHILIPPE.

Pourquoi? cela est tout simple pour moi.

LORENZO.

Comme pour moi de tuer Alexandre. Pourquoi ne veux-tu pas me croire?

PHILIPPE.

O notre nouveau Brutus! je te crois et je t'embrasse. La liberté est donc sauvée! Oui, je te crois, tu es tel que tu me l'as dit. Donne-moi ta main. Le duc est mort! Ah! il n'y a pas de haine dans ma joie; il n'y a que l'amour le plus pur, le plus sacré pour la patrie; j'en prends Dieu à témoin.

LORENZO.

Allons! calme-toi; il n'y a rien de sauvé que moi, qui ai les reins brisés par les chevaux de l'évêque de Marzi.

PHILIPPE.

N'as-tu pas averti nos amis? n'ont-ils pas l'épée à la main à l'heure qu'il est?

LORENZO.

Je les ai avertis; j'ai frappé à toutes les portes républicaines avec la constance d'un frère quêteur; je leur ai dit de frotter leurs épées, qu'Alexandre serait mort quand ils s'éveilleraient. Je pense qu'à l'heure qu'il est, ils se sont éveillés plus d'une fois, et rendormis à l'avenant. Mais, en vérité, je ne pense pas autre chose.

PHILIPPE.

As-tu averti les Pazzi? l'as-tu dit à Corsini?

LORENZO.

A tout le monde; je l'aurais dit, je crois, à la lune, tant j'étais sûr de n'être pas écouté.

PHILIPPE.

Comment l'entends-tu?

LORENZO.

J'entends qu'ils ont haussé les épaules, et qu'ils sont retournés à leurs dîners, à leurs cornets et à leurs femmes.

PHILIPPE.

Tu ne leur as donc pas expliqué l'affaire?

LORENZO.

Que diantre voulez-vous que j'explique? croyez-vous que j'eusse une heure à perdre avec chacun d'eux? Je leur ai dit : « Préparez-vous » ; et j'ai fait mon coup.

PHILIPPE.

Et tu crois que les Pazzi ne font rien? qu'en sais-tu? Tu n'as pas de nouvelles depuis ton départ, et il y a plusieurs jours que tu es en route.

LORENZO.

Je crois que les Pazzi font quelque chose; je crois qu'ils font des armes dans leur antichambre, en buvant du vin du Midi de temps à autre, quand ils ont le gosier sec.

PHILIPPE.

Tu soutiens ta gageure ; ne m'as-tu pas voulu parier ce que tu me dis là ? Sois tranquille; j'ai meilleure espérance.

LORENZO.

Je suis tranquille, plus que je ne puis dire.

PHILIPPE.

Pourquoi n'es-tu pas sorti la tête du duc à la

main? Le peuple t'aurait suivi comme son sauveur et son chef.

LORENZO.

J'ai laissé le cerf aux chiens; qu'ils fassent eux-mêmes la curée.

PHILIPPE.

Tu aurais déifié les hommes, si tu ne les méprisais.

LORENZO.

Je ne les méprise point; je les connais. Je suis très persuadé qu'il y en a très peu de très méchants, beaucoup de lâches, et un grand nombre d'indifférents. Il y en a aussi de féroces, comme les habitants de Pistoie, qui ont trouvé dans cette affaire une petite occasion d'égorger tous leurs chanceliers en plein midi, au milieu des rues. J'ai appris cela il n'y a pas une heure.

PHILIPPE.

Je suis plein de joie et d'espoir; le cœur me bat malgré moi.

LORENZO.

Tant mieux pour vous.

PHILIPPE.

Puisque tu n'en sais rien, pourquoi en parles-tu ainsi? Assurément tous les hommes ne sont pas capables de grandes choses, mais tous sont sensibles aux grandes choses : nies-tu l'histoire du monde entier? Il faut sans doute une étincelle pour allumer une forêt; mais l'étincelle peut sortir d'un caillou, et la forêt prend feu. C'est ainsi que l'éclair d'une seule épée peut illuminer tout un siècle.

LORENZO.

Je ne nie pas l'histoire, mais je n'y étais pas.

PHILIPPE.

Laisse-moi t'appeler Brutus; si je suis un rêveur, laisse-moi ce rêve-là. O mes amis, mes compatriotes! vous pouvez faire un beau lit de mort au vieux Strozzi, si vous voulez!

LORENZO.

Pourquoi ouvrez-vous la fenêtre?

PHILIPPE.

Ne vois-tu pas un courrier qui arrive? Mon Brutus! mon grand Lorenzo! la liberté est dans le ciel; je la sens, je la respire.

LORENZO.

Philippe! Philippe! point de cela; fermez votre fenêtre; toutes ces paroles me font mal.

PHILIPPE.

Il me semble qu'il y a un attroupement dans la rue; un crieur lit une proclamation. Holà, Jean! allez acheter le papier de ce crieur.

LORENZO.

O Dieu! ô Dieu!

PHILIPPE.

Tu deviens pâle comme un mort. Qu'as-tu donc?

LORENZO.

N'as-tu rien entendu?

<small>Entre un domestique apportant la proclamation.</small>

PHILIPPE.

Non; lis donc un peu ce papier, qu'on criait dans la rue.

LORENZO, lisant.

A tout homme, noble ou roturier, qui tuera Lorenzo de Médicis, traître à la patrie et assassin de son maître, en quelque lieu et de quelque manière que ce soit, sur toute la surface de l'Italie, il est promis par le conseil des Huit à Florence : 1° quatre mille florins d'or sans aucune retenue; 2° une rente de cent florins d'or par an, pour lui durant sa vie, et ses héritiers en ligne directe après sa mort; 3° la permission d'exercer toutes les magistratures, de posséder tous les bénéfices et privilèges de l'État, malgré sa naissance s'il est roturier; 4° grâces perpétuelles pour toutes ses fautes, passées et futures, ordinaires et extraordinaires.

Signé de la main des Huit.

Eh bien, Philippe! vous ne vouliez pas croire tout à l'heure que j'avais tué Alexandre? Vous voyez bien que je l'ai tué.

PHILIPPE.

Silence! quelqu'un monte l'escalier. Cache-toi dans cette chambre.

<small>Ils sortent.</small>

SCÈNE III

Florence. — Une rue.

Entrent DEUX GENTILSHOMMES.

PREMIER GENTILHOMME.

N'est-ce pas le marquis de Cibo qui passe là ? il me semble qu'il donne le bras à sa femme.

Le marquis et la marquise passent.

DEUXIÈME GENTILHOMME.

Il paraît que ce bon marquis n'est pas d'une nature vindicative. Qui ne sait pas à Florence que sa femme a été la maîtresse du feu duc ?

PREMIER GENTILHOMME.

Ils paraissent bien raccommodés. J'ai cru les voir se serrer la main.

DEUXIÈME GENTILHOMME.

La perle des maris, en vérité ! Avaler ainsi une couleuvre aussi longue que l'Arno, cela s'appelle avoir l'estomac bon.

PREMIER GENTILHOMME.

Je sais que cela fait parler, — cependant je ne te conseillerais pas d'aller lui en parler à lui-même ; il est de la première force à toutes les armes, et les faiseurs de calembours craignent l'odeur de son jardin.

DEUXIÈME GENTILHOMME.
Si c'est un original, il n'y a rien à dire.

Ils sortent.

SCÈNE IV

Une auberge.

Entrent PIERRE STROZZI et UN MESSAGER.

PIERRE.
Ce sont ses propres paroles?
LE MESSAGER.
Oui, Excellence; les paroles du roi lui-même.
PIERRE.
C'est bon.

Le messager sort.

Le roi de France protégeant la liberté de l'Italie, c'est justement comme un voleur protégeant contre un autre voleur une jolie femme en voyage. Il la défend jusqu'à ce qu'il la viole. Quoi qu'il en soit, une route s'ouvre devant moi, sur laquelle il y a plus de bons grains que de poussière. Maudit soit ce Lorenzaccio, qui s'avise de devenir quelque chose! Ma vengeance m'a glissé entre les doigts comme un oiseau effarouché; je ne puis plus rien imaginer ici qui soit digne de moi. Allons faire une attaque vigoureuse au bourg, et puis laissons là ces femmelettes qui ne pensent qu'au nom de mon père, et qui me toisent toute la journée pour chercher par où je lui ressemble. Je suis né pour autre chose que pour faire un chef de bandits.

Il sort.

SCÈNE V

Une place. — Florence.

L'ORFÈVRE et LE MARCHAND DE SOIE, assis.

LE MARCHAND.

Observez bien ce que je dis; faites attention à mes paroles. Le feu duc Alexandre a été tué l'an 1536, qui est bien l'année où nous sommes. Suivez-moi toujours. Il a donc été tué l'an 1536; voilà qui est fait. Il avait vingt-six ans; remarquez-vous cela? mais ce n'est encore rien. Il avait donc vingt-six ans; bon. Il est mort le 6 du mois; ah! ah! saviez-vous ceci? n'est-ce pas justement le 6 qu'il est mort? Écoutez maintenant. Il est mort à six heures de la nuit. Qu'en pensez-vous, père Mondella? Voilà de l'extraordinaire, ou je ne m'y connais pas. Il est donc mort à six heures de la nuit. Paix! ne dites rien encore. Il avait six blessures. Eh bien! cela vous frappe-t-il à présent? Il avait six blessures; à six heures de la nuit, le 6 du mois, à l'âge de vingt-six ans, l'an 1536. Maintenant, un seul mot : il avait régné six ans.

L'ORFÈVRE.

Quel galimatias me faites-vous là, voisin?

LE MARCHAND.

Comment! comment! vous êtes donc absolument incapable de calculer? vous ne voyez pas ce qui résulte de ces combinaisons surnaturelles que j'ai l'honneur de vous expliquer?

L'ORFÈVRE.

Non, en vérité, je ne vois pas ce qui en résulte.

LE MARCHAND.

Vous ne le voyez pas? Est-ce possible, voisin, que vous ne le voyiez pas?

L'ORFÈVRE.

Je ne vois pas qu'il en résulte la moindre des choses. — A quoi cela peut-il nous être utile?

LE MARCHAND.

Il en résulte que six Six ont concouru à la mort d'Alexandre. Chut! ne répétez pas ceci comme venant de moi. Vous savez que je passe pour un homme sage et circonspect; ne me faites point de tort, au nom de tous les saints! La chose est plus grave qu'on ne pense; je vous le dis comme à un ami.

L'ORFÈVRE.

Allez vous promener; je suis un homme vieux,

mais pas encore une vieille femme. Le Côme arrive aujourd'hui, voilà ce qui résulte le plus clairement de notre affaire; il nous est poussé un beau dévideur de paroles dans votre nuit de six Six. Ah! mort de ma vie! cela ne fait-il pas honte! Mes ouvriers, voisin, les derniers de mes ouvriers, frappaient avec leurs instruments sur les tables, en voyant passer les Huit, et ils leur criaient : « Si vous ne savez ni ne pouvez agir, appelez-nous, qui agirons. »

LE MARCHAND.

Il n'y a pas que les vôtres qui aient crié; c'est un vacarme de paroles dans la ville comme je n'en ai jamais entendu, même par ouï-dire.

L'ORFÈVRE.

On demande les boules [1]; les uns courent après les soldats, les autres après le vin qu'on distribue; ils s'en remplissent la bouche et la cervelle, afin de perdre le peu de sens commun et de bonnes paroles qui pourraient leur rester.

LE MARCHAND.

Il y en a qui voulaient rétablir le conseil, et élire librement un gonfalonier, comme jadis.

L'ORFÈVRE.

Il y en a qui voulaient, comme vous dites; mais il n'y en a pas qui aient agi. Tout vieux que je suis, j'ai été au Marché-Neuf, moi, et j'ai reçu

---

1. On comprend qu'il s'agit ici d'élections.

dans la jambe un bon coup de hallebarde, parce que je demandais les boules. Pas une âme n'est venue à mon secours. Les étudiants seuls se sont montrés.

LE MARCHAND.

Je le crois bien. Savez-vous ce qu'on dit, voisin? On dit que le provéditeur, Roberto Corsini, est allé hier soir à l'assemblée des républicains, au palais Salviati.

L'ORFÈVRE.

Rien n'est plus vrai; il a offert de livrer la forteresse aux amis de la liberté, avec les provisions, les clefs, et tout le reste.

LE MARCHAND.

Et il l'a fait, voisin? est-ce qu'il l'a fait? C'est une trahison de haute justice.

L'ORFÈVRE.

Ah bien, oui! on a braillé, bu du vin sucré, et cassé des carreaux; mais la proposition de ce brave homme n'a seulement pas été écoutée. Comme on n'osait pas faire ce qu'il voulait, on a dit qu'on doutait de lui, et qu'on le soupçonnait de fausseté dans ses offres. Mille millions de diables! que j'enrage! Tenez, voilà les courriers de Trebbio qui arrivent; Côme n'est pas loin d'ici. Bonsoir, voisin, le sang me démange! il faut que j'aille au palais.

Il sort.

LE MARCHAND.

Attendez donc, voisin; je vais avec vous.

<small>Il sort. — Entre un précepteur avec le petit Salviati, et un autre avec le petit Strozzi.</small>

LE PREMIER PRÉCEPTEUR.

Sapientissime doctor, comment se porte Votre Seigneurie? Le trésor de votre précieuse santé est-il dans une assiette régulière, et votre équilibre se maintient-il convenable par ces tempêtes où nous voilà?

LE DEUXIÈME PRÉCEPTEUR.

C'est chose grave, Seigneur docteur, qu'une rencontre aussi érudite et aussi fleurie que la vôtre, sur cette terre soucieuse et lézardée. Souffrez que je presse cette main gigantesque, d'où sont sortis les chefs-d'œuvre de notre langue. Avouez-le, vous avez fait depuis peu un sonnet.

LE PETIT SALVIATI.

Canaille de Strozzi que tu es!

LE PETIT STROZZI.

Ton père a été rossé, Salviati.

LE PREMIER PRÉCEPTEUR.

Ce pauvre ébat de notre muse serait-il allé jusqu'à vous, qui êtes homme d'art si consciencieux, si large et si austère? Des yeux comme les vôtres, qui remuent des horizons si dentelés, si phosphorescents, auraient-ils consenti à s'occuper des fumées peut-être bizarres et osées d'une imagination chatoyante?

LE DEUXIÈME PRÉCEPTEUR.

Oh! si vous aimez l'art, et si vous nous aimez, dites-nous, de grâce, votre sonnet. La ville ne s'occupe que de votre sonnet.

LE PREMIER PRÉCEPTEUR.

Vous serez peut-être étonné que moi, qui ai commencé par chanter la monarchie en quelque sorte, je semble cette fois chanter la république.

LE PETIT SALVIATI.

Ne me donne pas de coups de pieds, Strozzi.

LE PETIT STROZZI.

Tiens, chien de Salviati, en voilà encore deux.

LE PREMIER PRÉCEPTEUR.

Voici les vers :

    Chantons la liberté, qui refleurit plus âpre...

LE PETIT SALVIATI.

Faites donc finir ce gamin-là, Monsieur; c'est un coupe-jarret. Tous les Strozzi sont des coupe-jarrets.

LE DEUXIÈME PRÉCEPTEUR.

Allons! petit, tiens-toi tranquille.

LE PETIT STROZZI.

Tu y reviens en sournois! Tiens! canaille, porte cela à ton père, et dis-lui qu'il le mette avec l'estafilade qu'il a reçue de Pierre Strozzi, empoisonneur que tu es! Vous êtes tous des empoisonneurs.

LE PREMIER PRÉCEPTEUR.

Veux-tu te taire, polisson !

Il le frappe.

LE PETIT STROZZI.

Aïe ! aïe ! il m'a frappé.

LE PREMIER PRÉCEPTEUR.

Chantons la liberté, qui refleurit plus âpre
Sous des soleils plus mûrs et des cieux plus vermeils.

LE PETIT STROZZI.

Aïe ! aïe ! il m'a écorché l'oreille.

LE DEUXIÈME PRÉCEPTEUR.

Vous avez frappé trop fort, mon ami.

Le petit Strozzi rosse le petit Salviati.

LE PREMIER PRÉCEPTEUR.

Eh bien ! qu'est-ce à dire ?

LE DEUXIÈME PRÉCEPTEUR.

Continuez, je vous en supplie.

LE PREMIER PRÉCEPTEUR.

Avec plaisir ; mais ces enfants ne cessent pas de se battre.

Les enfants sortent en se battant ; — ils les suivent.

SCÈNE VI

Florence. — Une rue.

Entrent DES ÉTUDIANTS et DES SOLDATS.

UN ÉTUDIANT.

Puisque les grands seigneurs n'ont que des langues, ayons des bras. Holà! les boules! les boules! Citoyens de Florence, ne laissons pas élire un duc sans voter.

UN SOLDAT.

Vous n'aurez pas les boules; retirez-vous.

L'ÉTUDIANT.

Citoyens, venez ici; on méconnaît vos droits, on insulte le peuple.

Un grand tumulte.

LES SOLDATS.

Gare! retirez-vous.

UN AUTRE ÉTUDIANT.

Nous voulons mourir pour nos droits.

UN SOLDAT.

Meurs donc.

Il le frappe.

L'ÉTUDIANT.

Venge-moi, Roberto, et console ma mère.

Il meurt. — Les étudiants attaquent les soldats. — Ils sortent en se battant.

SCÈNE VII

Venise. — Le cabinet de Strozzi.

Entrent PHILIPPE et LORENZO, tenant une lettre.

LORENZO.

Voilà une lettre qui m'apprend que ma mère est morte. Venez donc faire un tour de promenade, Philippe.

PHILIPPE.

Je vous en supplie, mon ami, ne tentez pas la destinée. Vous allez et venez continuellement, comme si cette proclamation de mort n'existait pas contre vous.

LORENZO.

Au moment où j'allais tuer Clément VII, ma tête a été mise à prix à Rome; il est naturel qu'elle le soit dans toute l'Italie aujourd'hui que j'ai tué Alexandre; si je sortais de l'Italie, je serais bientôt sonné à son de trompe dans toute l'Europe, et, à ma mort, le bon Dieu ne manquera pas de faire placarder ma condamnation éternelle dans tous les carrefours de l'immensité.

PHILIPPE.

Votre gaieté est triste comme la nuit; vous n'êtes pas changé, Lorenzo.

LORENZO.

Non, en vérité; je porte les mêmes habits, je marche toujours sur mes jambes, et je bâille avec ma bouche; il n'y a de changé en moi qu'une misère : c'est que je suis plus creux et plus vide qu'une statue de fer-blanc.

PHILIPPE.

Partons ensemble; redevenez un homme; vous avez beaucoup fait, mais vous êtes jeune.

LORENZO.

Je suis plus vieux que le bisaïeul de Saturne; je vous en prie, venez faire un tour de promenade.

PHILIPPE.

Votre esprit se torture dans l'inaction, c'est là votre malheur. Vous avez des travers, mon ami.

LORENZO.

J'en conviens. Que les républicains n'aient rien fait à Florence, c'est là un grand travers de ma part. Qu'une centaine de jeunes étudiants, braves et déterminés, se soient fait massacrer en vain; que Côme, un planteur de choux, ait été élu à l'unanimité, oh! je l'avoue, je l'avoue, ce sont là des travers impardonnables, et qui me font le plus grand tort.

PHILIPPE.

Ne raisonnons pas sur un événement qui n'est pas achevé. L'important est de sortir d'Italie; vous n'avez point encore fini sur la terre.

LORENZO.

J'étais une machine à meurtre, mais à un meurtre seulement.

PHILIPPE.

N'avez-vous pas été heureux autrement que par ce meurtre? Quand vous ne devriez faire désormais qu'un honnête homme, qu'un artiste, pourquoi voudriez-vous mourir?

LORENZO.

Je ne puis que vous répéter mes propres paroles : « Philippe, j'ai été honnête. » Peut-être le redeviendrais-je, sans l'ennui qui me prend. J'aime encore le vin et les femmes; c'est assez, il est vrai, pour faire de moi un débauché, mais ce n'est pas assez pour me donner envie de l'être. Sortons, je vous en prie.

PHILIPPE.

Tu te feras tuer dans toutes ces promenades.

LORENZO.

Cela m'amuse de les voir. La récompense est si grosse qu'elle les rend presque courageux. Hier, un grand gaillard à jambes nues m'a suivi un gros quart d'heure au bord de l'eau, sans pouvoir se déterminer à m'assommer. Le pauvre homme portait une espèce de couteau long comme une broche; il le regardait d'un air si penaud qu'il me faisait pitié; c'était peut-être un père de famille qui mourait de faim.

PHILIPPE.

O Lorenzo, Lorenzo! ton cœur est très malade. C'était sans doute un honnête homme : pourquoi attribuer à la lâcheté du peuple le respect pour les malheureux?

LORENZO.

Attribuez cela à ce que vous voudrez. Je vais faire un tour au Rialto.

Il sort.

PHILIPPE, seul.

Il faut que je le fasse suivre par quelqu'un de mes gens. Holà! Jean! Pippo! holà!

Entre un domestique.

Prenez une épée, vous et un autre de vos camarades, et tenez-vous à une distance convenable du seigneur Lorenzo, de manière à pouvoir le secourir si on l'attaque.

JEAN.

Oui, Monseigneur.

Entre Pippo.

PIPPO.

Monseigneur, Lorenzo est mort. Un homme était caché derrière la porte, qui l'a frappé par derrière comme il sortait.

PHILIPPE.

Courons vite; il n'est peut-être que blessé.

PIPPO.

Ne voyez-vous pas tout ce monde? Le peuple

s'est jeté sur lui. Dieu de miséricorde! on le pousse dans la lagune.

PHILIPPE.

Quelle horreur! quelle horreur! Eh quoi! pas même un tombeau!

Il sort.

SCÈNE VIII

Florence. — La grande place ; des tribunes publiques sont remplies de monde.

DES GENS DU PEUPLE, courant de tous côtés.

Les boules! les boules! Il est duc, duc; les boules! il est duc.

LES SOLDATS.

Gare, canaille!

LE CARDINAL CIBO, sur une estrade, à Côme de Médicis.

Seigneur, vous êtes duc de Florence. Avant de recevoir de mes mains la couronne que le pape et César m'ont chargé de vous confier, il m'est ordonné de vous faire jurer quatre choses.

CÔME.

Lesquelles, cardinal?

LE CARDINAL.

Faire la justice sans restriction ; ne jamais rien tenter contre l'autorité de Charles-Quint; venger la mort d'Alexandre, et bien traiter le seigneur Jules et la signora Julia, ses enfants naturels.

CÔME.

Comment faut-il que je prononce ce serment?
LE CARDINAL.

Sur l'Évangile.
Il lui présente l'Évangile.

Je le jure à Dieu et à vous, cardinal. Maintenant donnez-moi la main.

Ils s'avancent vers le peuple. On entend Côme parler dans l'éloignement.

CÔME.

« Très nobles et très puissants seigneurs,

« Le remerciement que je veux faire à Vos très illustres et très gracieuses Seigneuries, pour le bienfait si haut que je leur dois, n'est pas autre que l'engagement, qui m'est bien doux, à moi si jeune comme je suis, d'avoir toujours devant les yeux, en même temps que la crainte de Dieu, l'honnêteté et la justice, et le dessein de n'offenser personne, ni dans les biens ni dans l'honneur, et, quant au gouvernement des affaires, de ne jamais m'écarter du conseil et du jugement des très prudentes et très judicieuses Seigneuries auxquelles je m'offre en tout et recommande bien dévotement. »

VARIANTES DE *LORENZACCIO*

D'APRÈS LE MANUSCRIT DE LA COMÉDIE-FRANÇAISE [1]

Page 98, ligne 9 : de la petite *friande*.
99, 3 : arbuste en *fleurs*.
106, 22 : manier *et* examiner.
108, 7 : qu'un bâtard, *une* moitié.
109, 17 : *bien* cher.
110, 14 : *Niccolini*.
113, 8 : je *te* rapporterai.
115, 21 : Ce sera ce soir.
120, 6 : *Hé!*
122, 26 : *Molza*.
124, 20 : trop honnête *homme*.
125, 7 : vous avez bon visage.
— 16 : le *col*.
129, 2 : *m'amuser* à la foire.

---

1. Nous donnons ici comme variantes les différences qui existent entre le texte de l'édition publiée avec les dessins de Bida et le manuscrit autographe d'Alfred de Musset qui se trouve à la Comédie-Française. Elles ont été relevées par M. Monval, l'érudit et soigneux archiviste de la maison de Molière.

131, 12 : tout *engourdis*.
— 15 : *et* on leur répond.
136, 8 : *a* fait oublier.
137, 13 : *en quoi* la faiblesse.
140, 1 : n'avoir jamais fait *de* certains rêves.
— 21 : n'ait trahi.
— 28 : pour *ses* cheveux.
141, 1 : tout cela *ne* me crie.
142, 1 : j'ai reçu ordre.
144, 7 : *la* sœur.
145, 13, après « non » : *Cela est impossible. Pourquoi...*
— 25, après « Était-ce beau », ce jeu de scène : *Entre Pierre Strozzi.*
146, 8 : *cela* est inutile.
148, 2 : ne *trouve*-t-il pas.
150, 1 : les exercer. *Mais* ma jeunesse.
— 26 : remettre *à demain* vos offres.
154, 19 : Je me *ferais*.
— 24 : arranges-tu cela.
157, 1 : *peuvent-elles* être *utiles*.
158, 19 : parler les yeux en pleurs *des malheurs de la patrie*.
160, 14 : mais non *pas* par écrit.
162, 17 : non pas *lire* une signature.
163, 5 : de le dire.
164, 23 : je n'ai *pas* un mot.
168, 20 : *s'est-il en* allé.
— 24 : il *s'est en* allé.
170, 11 : me faire injure.
172, 22 : *Battista*.
174, 23 : Pourquoi, *Lorenzino?*

VARIANTES DE LORENZACCIO 319

180, 12 : N'en *doute* pas.
— 27 : ou il *se venge*.
183, 26 : *J'en pourrais* bien trouver.
185, 3 : TEBALDEO (FRECCIA).
187, 14 : *Quels parfums*.
— 17 : dans *un* portrait.
189, 3 : *c'était* sur le lit.
190, 4 : à *la* chère tante.
— 9 : est *envolée*.
— 18 : est *sous* quelque fauteuil.
193, 13 : O soleil ! *ô* soleil.
194, 24, au mot « fenêtre », en note : *Cette circonstance est historique. Voir Vacchi. (Note de l'auteur.)*
196, 9 : *de le* toucher.
197, 9 : mon père, *je vous crois très* bon patriote.
199, 20 : nous en *reparlerons*.
200, 14 : n'a que faire *du* médecin.
205, 6 : que *ce* ciel que voilà.
206, 10 : quelle *robe nouvelle*.
212, 20 : d'ici à *deux* jours.
213, 1 : soixante ans de *vertus*.
— 23 : un des tyrans de *la* patrie.
— 24 : J'étais un étudiant paisible, je ne m'occupais.
214, 15 : Que te *dirai*-je plus.
215, 6 : je n'ai *pas* pu.
— 13 : un combat *corps à corps*.
216, 7 : comprendre que j'ai souffert.
— 25 : *jusqu'*auquel.
— 29 : et *sais-tu* ce dont je veux.
221, 4 : Je *l'*observais.
222, 15 : le vice *en est une* aussi.

223, 20 : parle si tu veux.
225, 27 : *au* plein vent.
226, 8 : j'aurai dit *aussi* ce que j'ai à dire.
229, 14 : ce *qui* pourra.
230, 17 : tu n'y es pas *faite*.
231, 9 : de chiffons *ou* de libertinage.
237, 14 : *prenant* le portrait.
238, 3, après « chasse » : *Ricciarda, ta Ricciarda, elle a fait un rêve, un rêve insensé.*
239, 25 : les *vieilles* familles de Florence.
240, 7 : délivrer *mes* fils.
245, 7 : voyez-vous, cela est beau.
247, 23 : qu'elle a *à votre service.*
249, 7 : *Entrent* PIERRE et THOMAS.
251; 17 : sous le *soleil.*
— 23 : que je *ne* perde.
254, 2 : Chez *la marquise* de Cibo.
255, 2 : ce *qui* vous plaira.
257, 28 : fils *du* pape.
258, 1 : quand *le* pape.
259, 4 : *revenir* aujourd'hui.
262, 3, après les mots « qu'on apporte du vinaigre », la scène continue ainsi :

Il la place sur un fauteuil.

LA MARQUISE.
Que t'ai-je dit, Laurent, tout à l'heure ?
LE MARQUIS.
Embrasse-moi, et montons là-haut, dans la chambre d'Ascanio.
LA MARQUISE.
Que t'ai-je dit ? je ne m'en souviens plus.
LE MARQUIS.
Vous êtes malade, réellement malade. C'était le délire qui parlait sur vos lèvres. Mais je n'ai rien entendu distinctement ; non,

en vérité, vous avez parlé si vite que je n'ai pu saisir le sens de vos paroles. Calmez-vous, respirez ceci.
LA MARQUISE.
Ah! je me sens mieux.
LE MARQUIS.
Le cardinal vous avait blessée? Que vous disait-il? Il est triste pour moi d'arriver au milieu d'une querelle de famille.
LA MARQUISE.
Ce n'était pas le délire, Laurent : maintenant je sais ce que je vous ai dit.
LE MARQUIS.
Ne parlez pas; attendez que la réflexion vous revienne.
LA MARQUISE.
Ce n'était pas le délire; adieu, Laurent, laissez-moi partir.
LE MARQUIS.
Où voulez-vous aller?
LA MARQUISE.
Tout est vrai. Je n'ai pas parlé indistinctement; vous m'avez entendue. Ah! Dieu! est-ce possible? eh bien, il faut que je parte. Vous ne me chassez pas? Vous ne me donnez pas des coups de plat d'épée, comme à un valet infidèle? Ah! tuez-moi, tuez-moi; mais, si vous êtes un homme, quand vous m'aurez tuée, vengez-vous de ce prêtre. Adieu, adieu; qu'on me donne mon manteau.

Elle sort.

LE MARQUIS.
Holà, Agnolo!

Entre un page.

Suis ta maîtresse; la voilà qui sort, et écoute bien.

Il lui parle à l'oreille.

Tu entends? tu m'en réponds sur ta tête. Maintenant, dis qu'on amène Ascanio, pendant qu'on servira le souper.

Ils sortent.

Ce passage correspond à deux pages du manuscrit qui auront été passées à l'impression.

263, 2 : je ne t'avais *point* parlé.

— 6 : Je lui ai dit.

— 21 : N'*en* as-tu pas été flattée?

Théâtre de Musset. II.

264, 8 : sont *des* parcelles.

265, 4 : la proie de ce *stupide garçon de boucher,* de ce gladiateur.

266, 20 : qui *ait* su.

268, 23 : Le jeu de scène « Il frappe le tombeau » est placé après « mon Dieu! »

270, 20 : j'ai tort de dire.

273, 9 : dans *ma* nuit.

275, 5 : Cela *pourra* les étonner.

276, 8 : je ne m'aperçois pas que je prends du froid, *et* je boirai.

277, 6 : qu'il lui vînt l'idée.

278, 3 : le cardinal *de* Cibo.

— 16 : de l'évêque *de Marzi* lui-même.

— 22 : je *fais* mon devoir.

279, 7 : et *sur* des pierres.

286, 19 : Où l'avez-vous *retrouvé.*

— 29 : *vers* le palais.

288, 20, en note, traduction du latin : *Le premier rameau d'or arraché se remplace par un autre, et une nouvelle branche du même métal pousse aussitôt.*

292, 4 : ni *prince,* ni ducs.

293, 6 : qui fût *plus* près de nous.

298, 14 : Ne vois-tu pas *sur cette route* un courrier qui arrive *à franc étrier?*

300, 22 : il est de première force.

303, 26 : je vous *la* dis.

304, 7 : leurs instruments sur *leurs* tables.

— 17 : le vin qu'on distribue, *et* ils s'en remplissent.

310, 17 : si je sortais *d'Italie.*

311, 26 : Ne raisonnons *point.*

311, 28 : vous n'avez *point* encore fini sur la terre, *mon ami*.

313, 2 : ton cœur est *bien* malade.

— 8 : un tour au *Lido*.

314, 2 : dans la *mer*.

TABLE

DU TOME DEUXIÈME

On ne badine pas avec l'amour 1
Lorenzaccio 93

Variantes de *Lorenzaccio*, d'après le manuscrit autographe de la Comédie-Française. 317

Imprimé par D. Jouaust

POUR LA

BIBLIOTHÈQUE ARTISTIQUE MODERNE

ORNEMENTS PAR GIACOMELLI

M DCCC XC

www.ingramcontent.com/pod-product-compliance
Lightning Source LLC
Chambersburg PA
CBHW060405170426
43199CB00013B/2017